Films Paramount
FOX FILM CORPORATION
UNIVERSAL
20th CENTURY FOX
ARS GRATIA ARTIS
WB
Films Paramount
WARNER BROS.
WB
Columbia Pictures
PATHÉ
Gaumont
20th CENTURY FOX
GAUMONT
UNIVERSAL
RKO RADIO FILMS
RANK
MGM
20th CENTURY FOX
Universal International
Gaumont
COLUMBIA PICTURES
20th CENTURY FOX
UNIVERSAL
PRODUCTION S.N. PATHÉ-CINÉMA
Films Paramount
WARNER BROS.
WB
Universal International
LOUIS B MAYER PRODUCTIONS INC.
FOX
FOX FILM CORPORATION
20th CENTURY FOX
20th CENTURY FOX
WALT DISNEY
GAUMONT
MGM
ARS GRATIA ARTIS
GAUMONT
PRODUCTION S.N. PATHÉ-CINÉMA
MGM
United Artists
Columbia Pictures
G
WARNER BROS.
D1698207

80 GRANDS FILMS FRANÇAIS

casterman

Directeur de collection :
Pierre TCHERNIA

Conseiller cinématographique :
Jean-Claude ROMER

Adaptation :
François LAFFORT

Auteur des pages thématiques :
Pierre TCHERNIA

Sources rédactionnelles :
Images et Loisirs
(Les Fiches de Monsieur Cinéma - Les Super-Fiches du Cinéma Mondial)
et Guy Allombert, Claude Beylie, Christian Blanchet, Raymond Chirat, Georges Cohen, Gilles Colpart, Gilles Dagneau, Jean-Luc Deleplace, Philippe Descottes, Alain Gauvreau, Roland Lacourbe, Gérard Langlois, Raymond Lefèvre, Jacques Pinturault, Jean-Claude Romer, Gilbert Salachas, René Tabès.

Sources iconographiques :
Images et Loisirs
(Les Fiches de Monsieur Cinéma, les Super-Fiches du Cinéma Mondial)
et Christophe L, Cinéstar, Daniel Bouteiller, National Film Archives (Londres), Cinémathèque Française, Coll. B. Courtel, Alain Charlot, André Bernard, Lucas Balbo.

et l'aimable participation des Sociétés de Distribution.

Documentaliste Dominique Fouré.

Maquette Catherine Combier.

ISBN 2-203-29814-6
© copyright CASTERMAN 1991, pour la présente édition.
© copyright IMAGES & LOISIRS.
Droits de traduction et de reproduction réservés pour tous pays. Toute reproduction, même partielle, de cet ouvrage est interdite. Une copie ou reproduction par quelque procédé que ce soit, photographie, microfilm, bande magnétique, disque ou autre, constitue une contrefaçon passible des peines prévues par la loi du 11 mars 1957 sur la protection des droits d'auteur.

AVANT-PROPOS

Le livre que voici est consacré à 80 grands films français adaptés de romans et de pièces de théâtre. Nous aurons l'occasion, par la suite, de vous proposer 80 films réalisés d'après des scénarios originaux.

L'adaptation est vieille comme le cinéma et le premier gag projeté sur un écran, L'ARROSEUR ARROSÉ de Louis Lumière, provient d'une planche dessinée parue en 1887.

Faut-il préférer une adaptation ou un scénario original ? Les œuvres les plus réussies peuvent venir de ces deux sources différentes. Dans les grands succès récents du cinéma français on trouve aussi bien des adaptations : LA GLOIRE DE MON PÈRE ou CYRANO DE BERGERAC que des œuvres nouvelles comme LE GRAND BLEU ou TROIS HOMMES ET UN COUFFIN.

Il n'y a pas de règle. L'important est de créer une œuvre de cinéma vivante, forte, émouvante...

Les adaptations, au début du cinéma muet, étaient de simples illustrations. Par la suite, a dit André Bazin*, « le cinéma ne se contente plus de piller, comme l'ont fait somme toute avant lui Corneille, La Fontaine ou Molière, il se propose de transcrire pour l'écran, dans une quasi identité, une œuvre dont il reconnait à priori la transcendance ».

Adapter une œuvre suppose qu'on l'aime : une histoire qu'on adapte on l'adopte.

* Qu'est-ce que le cinéma ? aux éditions Du Cerf.

Quand Robert Bresson réalisa LE JOURNAL D'UN CURÉ DE CAMPAGNE, Bernanos lui avait recommandé « de rêver à nouveau son histoire » et Jean Cocteau avait déclaré à Georges Franju qui entreprenait THOMAS L'IMPOSTEUR : « C'est par vous que j'ai choisi d'être trahi ».

Le roman d'analyse à la française présente souvent des difficultés: l'image doit raconter des sentiments complexes. Gérard Brach l'a bien résumé : «Vous voyez écrit dans un roman : il dit oui et pensa non. Allez essayer de tourner ça* ».

L'adaptation réussie transpose le texte en images. Ainsi dans LES CHOSES DE LA VIE, roman de Paul Guimard, le héros, dans le coma, après son accident, s'exprime en monologue intérieur. À sa mort le monologue s'arrête. Dans le film, adapté par Claude Sautet et Jean-Loup Dabadie, on voit des images de moments heureux, à bord de son bateau, évoquées par le mourant. À sa mort le bateau coule.

De l'évocation transposée au respect scrupuleux tout est possible: MARIUS suit ligne par ligne la comédie cependant qu'on ne retrouve qu'un lointain souvenir de Ruy Blas dans LA FOLIE DES GRANDEURS.

Retrouvez donc ici, pêle-mêle, Émile Zola, Antoine Blondin et Prosper Mérimée, ils ont créé des œuvres nouvelles en compagnie de Marcel Carné, Henri Verneuil et Jean Renoir.

Pierre TCHERNIA.

P.S. : La forme thématique de notre collection nous a amenés à ne pas citer ici de très importantes adaptations déjà publiées. LE DIABLE AU CORPS se trouve dans le volume consacré aux films d'amour, FANTÔMAS est classé film policier et BOUDU SAUVÉ DES EAUX film comique.

* Christian Salé « Les scénaristes au travail » - Hatier.

SOMMAIRE

Note au lecteur :

L'année du film est celle de sa première présentation publique.

1929

Marcel L'HERBIER

L'ARGENT

La foule se presse autour de la Corbeille de la Bourse.

Le roman touffu d'Émile Zola décrivait la guerre financière sous le Second Empire. Marcel L'Herbier le transposa à l'époque moderne (1928). On lui en fit grief, sans voir que cette actualisation donnait à l'œuvre un accent de vérité et d'audace supplémentaire (l'affaire Marthe Hanau venait de défrayer la chronique, et Stavisky n'allait pas tarder à faire parler de lui). Le réalisateur, dont ce fut là l'avant-dernier film muet, avait fait preuve d'une grande virtuosité technique, utilisant — pour les séquences de la Bourse, tournées sur les lieux mêmes, un jour de fermeture — plusieurs caméras, l'une d'elles « plongeant » littéralement sur la « corbeille » grouillante de spéculateurs. Un décor prestigieux, à base de tuyaux d'orgues, fut construit par Lazare Meerson pour la séquence de la fête chez Saccard. Le film coûta près de quatre millions de francs, somme considérable pour l'époque, et employa plus de deux mille figurants. Son succès fut médiocre, en raison de la proximité du film parlant. En marge du tournage, Jean Dréville réalisa un précieux documentaire d'« indiscrétions cinématographiques », commandé par Marcel L'Herbier lui-même, sous le titre AUTOUR DE L'ARGENT. Ce court-métrage (1 140 m) sera sonorisé en 1971, avec un commentaire de (et lu par) Jean Dréville.

En 1936, Pierre Billon réalisera un remake parlant de L'ARGENT, sur une adaptation de Bernard Zimmer et avec pour principaux interprètes Pierre Richard-Willm (Saccard), Olga Tchekowa (la baronne Sandorff) et Véra Korène.

L'HISTOIRE

Un financier véreux, Nicolas Saccard, est rudement concurrencé dans ses spéculations boursières par le banquier Gunderman, homme plus avisé et plus honnête. Acculé à la ruine, Saccard joue son va-tout sur l'aviateur Jacques Hamelin, un brave garçon qui possède une option sur des terrains pétrolifères en Guyane. Sa cote remonte d'un coup. Le jeune homme est porté à la vice-présidence de la société et s'apprête à accomplir un raid aérien particulièrement audacieux. La presse s'en mêle, les actions s'enlèvent par paquets.

La T.S.F. annonce que l'avion du héros s'est abattu en flammes. Fausse nouvelle, que Saccard se garde bien de démentir. Sans égard pour l'épouse éplorée de l'aviateur, il consolide encore ses positions. Mais sa goujaterie et sa cupidité vont le perdre. Line Hamelin, poussée par l'ancienne maîtresse de Saccard, l'intrigante baronne Sandorf, jette sur le marché un gros paquet d'actions. C'est la déroute. Convaincu de tripotages, Saccard est emprisonné, tandis qu'Hamelin, un instant compromis, est acquitté.

Nicolas Saccard (**Pierre Alcover**) courtise la belle Line Hamelin (**Marie Glory**).

Saccard et son ancienne maîtresse, la baronne Sandorf (**Brigitte Helm**).

L'honnête Gunderman (**Alfred Abel**).

FICHE TECHNIQUE

Réalisation, scénario et adaptation : **Marcel L'HERBIER**
D'après le roman de : **Émile ZOLA**
Directeur de la photographie : **Jules KRUGER**
Décors : **Lazare MEERSON, André BARSACQ**
Production : **Cinéromans/Cinémondial**
Longueur : **5 344 mètres (195 minutes)**

INTERPRETATION

Pierre ALCOVER : Nicolas Saccard
Alfred ABEL : Alphonse Gunderman
Henry VICTOR : Jacques Hamelin
Marie GLORY : Line Hamelin
Brigitte HELM : La baronne Sandorf
Antonin ARTAUD : Mazaud, le secrétaire
Jules BERRY : Huret, le journaliste
Yvette GUILBERT : La Méchain
Raymond ROULEAU : Jantron, un grouillot
Roger KARL : Un banquier
Alexandre MIHALESCO : Salomon Massias
Pierre JUVENET : Le baron Defrance

Jacques FEYDER

L'ATLANTIDE

Dans la cité souterraine de l'Atlantide...

Telle une mante religieuse, Antinéa attire les hommes, les séduit, puis les supprime.

« Il y a dans L'ATLANTIDE un grand acteur, c'est le sable », a écrit Louis Delluc. Il est vrai que Jacques Feyder, pour son premier long métrage, avait tourné ses extérieurs, non pas dans les carrières de sable de Chantilly comme on le lui suggérait, mais en plein Sahara, dans les Aurès, au-delà de Touggourt et Ouargla. C'était la première fois qu'un cinéaste « osait » (comme le souligna la publicité), choisir pour une fiction un cadre aussi âpre, aussi éloigné des commodités du studio. Deux ans plus tard, Erich von Stroheim fera de même avec LES RAPACES.

Le coût total du film s'éleva à 1 800 000 F, somme considérable pour l'époque. Parmi les bailleurs de fonds : un cousin du metteur en scène, Alphonse Frederix, le romancier Pierre Decourcelle, le producteur Louis Aubert. L'énorme succès commercial (un an d'exclusivité à Paris) rentabilisa l'affaire.

Il existe de nombreuses autres versions (parlantes) de L'ATLANTIDE : les plus célèbres sont celles de G.W. Pabst (France-Allemagne 1932, avec Brigitte Helm et — retrouvant son rôle de la version Feyder — Jean Angelo), de Gregg Talas (États-Unis 1947, avec Maria Montez), de George Pal (États-Unis 1960, sous le titre ATLANTIS, TERRE ENGLOUTIE, avec Joyce Taylor) et d'Edgar G. Ulmer (France-Italie 1961, avec Haya Harareet). Signalons également de nombreuses adaptations déguisées, telles que LA LÉGION DU SAHARA (Joseph Pevney, États-Unis, 1953), HERCULE A LA CONQUÊTE DE L'ATLANTIDE (Vittorio Cottafavi, Italie, 1961), LES SEPT CITÉS D'ATLANTIS (Kevin Connor, États-Unis, 1978), etc.

... Saint-Avit (**Georges Melchior**) est envoûté par Antinéa.

Antinéa (**Stacia Napierkowska**).

L'HISTOIRE

Cachée au milieu du désert, sous les sables mouvants et brûlants, s'élève la cité souterraine de l'Atlantide, vestige d'une civilisation disparue. Dans un merveilleux palais de marbre trône la belle Antinéa, entourée de quelques serviteurs fidèles. Tous les hommes qui l'ont connue ont été, dit-on, victimes de leur passion. Après les avoir tués, elle les fait embaumer et les conserve à l'état de momies. Un jour, deux officiers jeunes et ardents, le capitaine Morhange et le lieutenant Saint-Avit, découvrent l'Atlantide, sous la conduite d'un mystérieux Targui. Le lieutenant tombe aussitôt sous le charme d'Antinéa, alors que Morhange résiste à une passion dont il pressent le caractère funeste. Antinéa excite la jalousie de Saint-Avit et le pousse à tuer son compagnon. Le meurtre perpétré, il réussit à s'enfuir, grâce à la complicité d'une suivante de la reine, Tanit-Zerga, qui trouve la mort dans la fuite. Mais le souvenir de la belle prêtresse l'obsède. Un matin, il reprendra le chemin du désert, à la recherche de son amour maudit...

FICHE TECHNIQUE

Réalisation et adaptation : **Jacques FEYDER**
D'après le roman de : **Pierre BENOIT**
Directeurs de la photographie :
Georges SPECHT et Victor MORIN
Décors : **Manuel ORAZI**
Production : **Thalman et Cie**
Distribution : **Établissements Louis Aubert**
Longueur originale : **4 000 mètres**

INTERPRETATION

Stacia NAPIERKOWSKA : Antinéa
Jean ANGELO : Le capitaine Morhange
Georges MELCHIOR :
Le lieutenant Saint-Avit
René LORSAY :
Le lieutenant Olivier Ferrières
Marie-Louise IRIBE : Tanit-Zerga
André ROANNE : Le lieutenant Massart
Abd-el-Kader BEN ALI : Segheïr ben Cheïkh
Mohamed BEN NOUI : Le guide Bou-Djema
Paul FRANCESCHI : L'archiviste
Genica MISSIRIO : Le capitaine Aymard

1957

Jacques BECKER

LES AVENTURES D'ARSÈNE LUPIN

Grimé comme à son habitude, Lupin (**Robert Lamoureux**) s'intéresse à de bien beaux bijoux... sous les regards attentifs de Clérissy (**Pierre Stephen**) et du vendeur (**Hubert de Lapparent**).

L'inspecteur Dufour (**Georges Chamarat**) se doute-t-il que l'insaisissable Arsène Lupin est à côté de lui ?

L'HISTOIRE

Paris, 1912. Au cours d'une réception mondaine très brillante, deux tableaux de maître disparaissent à la faveur d'une panne d'électricité ; c'est un pseudo-diplomate italien qui les a dérobés, qui n'est autre que l'élégant gentleman-cambrioleur Arsène Lupin. Celui-ci, peu de temps après, tente audacieusement un vol de bijoux de prix. Cependant, une femme, témoin dans cette affaire, arrive à lui passer les menottes. Arsène Lupin en a vu d'autres. Sous le faux nom d'André Laporte, qui respecte ses initiales, il hante la haute bourgeoisie et fréquente les ministères ; il arrive donc à se tirer, le pied léger, de sa désagréable situation. Toutefois, une belle Allemande, huppée, connue sous le nom de Mina von Kraft, a percé la double personnalité de Lupin. Émissaire du Kaiser, l'Empereur Guillaume II, elle organise, sur ses ordres, l'enlèvement du séduisant aventurier et lui fait rencontrer l'Empereur. Celui-ci a commandé une extraordinaire cachette, propre à abriter des trésors. Si Lupin ne la découvre pas, les ingénieurs se seront couverts de gloire. Or Lupin est un maître incontesté, il trouve la cachette et son fonctionnement, mais pour ne pas inquiéter le souverain, pour qui il éprouve une certaine amitié, il s'avoue vaincu et quitte l'Allemagne, laissant l'Empereur à la fois satisfait et délesté d'un million de marks. Mina von Kraft retrouvera Arsène Lupin à Paris ; chez Maxim's, avec un clin d'œil, Arsène Lupin couronnera sa série d'exploits.

Jacques Becker avoua qu'il n'aimait guère les romans de Maurice Leblanc, qu'il trouvait mal écrits et ne donnant pas suffisamment de présence aux silhouettes féminines. C'est pourquoi il essaya de recréer autour du personnage de Lupin une atmosphère, de développer une sorte de parfum. Ce qui lui fut reproché à l'époque par les admirateurs du romancier. L'épisode allemand permit à Becker de retrouver les forêts du Haut-Koenigsburg et le souvenir de Renoir et de LA GRANDE ILLUSION.

Jacques Becker tient lui-même un petit rôle dans son film, celui du Kronprinz.

FICHE TECHNIQUE

Réalisation et scénario : **Jacques BECKER**
Co-scénariste et dialoguiste : **Albert SIMONIN**
D'après l'œuvre de : **Maurice LEBLANC**
Directeur de la photographie : **Edmond SÉCHAN**
Décors : **Rino MONDELLINI**
Musique : **Jean-Jacques GRUNENWALD**
Production : **S.N.E. Gaumont/ Lambor-Films/Films Constellazione**
Distribution : **Gaumont FRANCE-ITALIE.** Durée : **104 minutes**

INTERPRETATION

Robert LAMOUREUX : Arsène Lupin
O.E. HASSE : Le Kaiser Guillaume II
Liselotte PULVER : Mina von Kraft
Huguette HUE : Léontine Chanu, la manucure
Georges CHAMARAT : L'inspecteur Dufour
Henri ROLLAN : Émile Duchamp
Sandra MILO : La Présidente Mathilde Duchamp
Renaud MARY : Paul Desfontaines
Pierre STEPHEN : Le bijoutier Clérissy
Paul MULLER : Rudolf von Ratz
Daniel CECCALDI : Jacques Gauthier
Hubert de LAPPARENT : Le vendeur de la bijouterie

1967

Luis BUÑUEL

BELLE DE JOUR

Séverine (**Catherine Deneuve**) et M. Adolphe (**Francis Blanche**)...

Buñuel n'aimait pas le roman écrit en 1930 par l'écrivain français Joseph Kessel. Mais ce qui l'intéresserait, disait-il, était de « faire quelque chose qui lui plaisait avec quelque chose qui ne lui plaisait pas ». Le romancier ne garda pas rancune au cinéaste de sa peu flatteuse opinion. Bien plus, il en admira l'adaptation : « Le génie de Buñuel a dépassé de beaucoup ce que je pouvais espérer. C'est à la fois le livre et ce n'est pas le livre. Nous sommes dans une autre dimension : celle du subconscient, celle des rêves et des instincts secrets soudain mis à nu. Et quelle beauté formelle des images ! Quelle angoisse physique ! » (cité par « L'Express », 29 mai 1967). L'œuvre de Joseph Kessel (1898-1979), fut souvent adaptée pour l'écran et donna lieu à quelques bons films parmi lesquels : L'ÉQUIPAGE (Maurice Tourneur, 1928, et Anatole Litvak, 1935), NUITS DE PRINCES (Vladimir Strijewski, 1937), LES BATAILLONS DU CIEL (Alexandre Esway, 1946), FORTUNE CARRÉE (Bernard Borderie, 1955), LE LION (Jack Cardiff, 1962), L'ARMÉE DES OMBRES (Jean-Pierre Melville, 1969).

L'HISTOIRE

Il y a manifestement des problèmes qui perturbent la vie intime de Séverine et Pierre. Ce dernier, médecin, n'a pas d'enfant de sa jolie femme, qu'il aime mais qu'il sent souvent si lointaine. Séverine rêve, c'est vrai, mais ses rêves sont de ceux qu'on ne raconte pas. Ils sont alimentés par les récits que lui font Husson, un bellâtre jouisseur et Renée, sa maîtresse, sur certaines « maisons » où de jeunes et belles femmes sont à la disposition d'hommes qui viennent y réaliser leurs rêves. Fascinée, Séverine se rend à la « maison » de Madame Anaïs qui l'engage, sous le nom de Belle de Jour, tous les jours de 14 heures à 17 heures. Belle de jour y connaîtra ses premiers clients : M. Adolphe, un bon vivant, mais aussi le professeur, qui veut qu'on l'humilie, et le Duc, qui met en scène une cérémonie funèbre dont elle est le prétendu cadavre. Et puis Marcel, le petit truand aux dents gâtées et aux chaussettes trouées, qui fait équipe avec Hippolyte, un autre malfrat. Séverine va aimer Marcel mais ses « expériences » l'ont rapprochée de Pierre. Marcel, amoureux fou de la jeune femme, tente de tuer Pierre, le manque et est abattu par la police alors qu'il s'enfuyait. Séverine reste avec son mari, paralysé et aveugle, à qui Husson vient de raconter l'histoire de Belle de Jour, sa femme qu'il aime plus que jamais.

... Anaïs (**Geneviève Page**)...

... Marcel (**Pierre Clémenti**)...

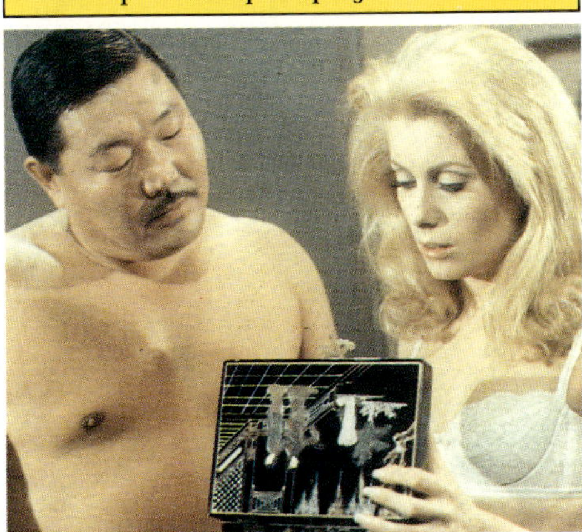

... le mystérieux Asiatique (**Iska Khan**)...

... Hippolyte (**Francisco Rabal**)...

et son mari Pierre (**Jean Sorel**).

Réalisation, scénario et dialogues : **Luis BUNUEL**
Co-scénariste : **Jean-Claude CARRIÈRE**
D'après le roman de : **Joseph KESSEL**
Directeur de la photographie : **Sacha VIERNY**
Décors : **Robert CLAVEL**
Production : **Robert et Raymond HAKIM - Paris Film Production (Paris)/ Five Film (Rome)**
Distribution : **Paris Film Production**
FRANCE - ITALIE. Durée : **100 minutes**

FICHE TECHNIQUE

Catherine DENEUVE : Séverine Cérisy
Jean SOREL : Pierre Cérisy
Michel PICCOLI : Henri Husson
Geneviève PAGE : Anaïs
Francisco RABAL : Hippolyte
Georges MARCHAL : Le Duc
Pierre CLEMENTI : Marcel
Françoise FABIAN : Charlotte
Francis BLANCHE : M. Adolphe
François MAISTRE : Le professeur
Macha MÉRIL : Renée
Iska KHAN : L'Asiatique

INTERPRETATION

Claude AUTANT-LARA

LE BLÉ EN HERBE

Entre Phil **(Pierre-Michel Beck)** et Vinca **(Nicole Berger),** les jeux ne sont plus enfantins...

Phil est devenu l'amant de Mme Dalleray **(Edwige Feuillère),** de trente ans son aînée.

L'HISTOIRE

L'action se situe dans les années 1920 à 1925. Comme chaque année, les Ferret et leurs deux filles Vinca et Lisette passent leurs vacances sur une plage bretonne en compagnie de leur amie Mme Audebert et de son fils Philippe. Phil et Vinca ont vécu jusqu'à présent comme frère et sœur, mais cette année-là ils viennent d'avoir respectivement seize et quinze ans. Ils ont atteint l'âge où l'on n'est plus tout à fait des enfants. Les disputes de camarades de jeux se transforment sans qu'on y prenne garde en querelles d'amoureux. Il y a une sorte de cap à passer, mais comment ? Dans ce tournant, les parents ne sont d'aucun secours. S'ils se sentent attirés l'un vers l'autre, Phil est plus réservé que son amie.

Afin de ne plus penser à Vinca, il devient l'amant d'une élégante estivante de trente ans son aînée, Mme Dalleray. Elle est belle, elle a vécu et souffert. Phil trouvera auprès de « la dame en blanc » la maturité qui jusque-là lui manquait. Mais celle-ci, craignant de s'attacher à son jeune partenaire, qui sera peut-être sa dernière conquête, préfère disparaître. Vinca, qui a tout compris, se donne à Phil. Les vacances prennent fin. Il faut se quitter, mais se retrouveront-ils ?

LE BLÉ EN HERBE fut le film par qui le scandale arrive. Certains milieux catholiques orchestrèrent, avant même le tournage, une vaste campagne d'opinion contre le projet. Lors de la sortie, les passions se déchaînèrent : des curés, voir même des évêques, condamnèrent le film de la chaire. Des chahuts éclatèrent dans les salles, dégénérant parfois en manifestations violentes. Certaines municipalités interdirent le film. Des parlementaires intervinrent auprès du Centre du Cinéma. Mais il faut souligner que la Centrale Catholique du Cinéma désapprouva ces manifestations. Le film reçut en outre le Grand Prix du Cinéma Français de l'année 1954.

Pierre-Michel Beck, héros du GARÇON SAUVAGE de Delannoy (1952), devait abandonner le cinéma après L'AGE DE L'AMOUR, de Lionello de Felice, en 1953.

Nicole Berger, qui débuta à l'écran dans JULIETTA de Marc Allegret, joua notamment dans LES AVENTURES DE TILL L'ESPIÈGLE, CELUI QUI DOIT MOURIR, EN CAS DE MALHEUR, TIREZ SUR LE PIANISTE. Elle mourut accidentellement en 1967.

FICHE TECHNIQUE

Réalisation et scénario : **Claude AUTANT-LARA**
D'après le roman de : **COLETTE**
Co-scénaristes et dialoguistes : **Jean AURENCHE, Pierre BOST**
Directeur de la photographie : **Robert LE FEBVRE**
Musique : **René CLOËREC**
Décors : **Max DOUY**
Production : **Henry DEUTSCHMEISTER - Franco-London-Film**
Distribution : **Gaumont**
Durée : **106 minutes**

INTERPRETATION

Edwige FEUILLÈRE : Mme Dalleray
Pierre-Michel BECK : Phil Audebert
Nicole BERGER : Vinca Ferret
Renée DEVILLERS : Mme Audebert
Charles DECHAMPS : M. Ferret
Hélène TOSSY : Mme Ferret
Janette LUCAS : Lisette Ferret
Louis de FUNÈS : Le projectionniste
Robert BERRI : Le gendarme
Claude BERRI : Le fils du projectionniste
Josiane LECOMTE : Margot

CHRISTIAN-JAQUE

BOULE DE SUIF

Edmond Carré-Lamadon (**Pierre Palau**) et Auguste Loiseau (**Jean Brochard**).

L'HISTOIRE

1870. Rouen est occupée par les Prussiens. Dans la diligence de Dieppe : des bourgeois, des aristocrates, des religieuses, un républicain, une prostituée, Élisabeth Rousset, dite « Boule-de-Suif » qui subit le mépris général, ce qui ne l'empêche pas de partager ses provisions. A quelques lieues de là, des officiers prussiens saccagent un château et l'on fusille des otages après une attaque de francs-tireurs. Au relais du soir, un officier remarque Boule-de-Suif, qui lui refuse ses faveurs. Par représailles, toute la diligence est bloquée : l'insistance hypocrite des bourgeois, le silence des religieuses font céder la jeune femme. Libérés, les voyageurs lui manifestent le même mépris. Bientôt, la diligence est arrêtée par une patrouille prussienne qui cherche des femmes pour une partie fine organisée par des officiers. Là, dans le château, les trois bourgeoises se conduisent comme des « filles ». Boule-de-Suif finit par poignarder son soupirant ivre et brutal et s'enfuir. Un prêtre la cache dans le clocher de son église d'où elle sonnera joyeusement les cloches pendant les obsèques de l'officier.

Cornudet (**Alfred Adam**), Boule-de-Suif (**Micheline Presle**), et les trois bourgeoises...

Un redoutable officier prussien (**Louis Salou**), surnommé « Fifi »...

Maupassant s'est révélé une mine féconde pour le cinéma. De 1908 (LE PÈRE MILON, de Firmin Gémier) jusqu'en 1982, (GUY DE MAUPASSANT, de Michel Drach), on relève plus de quarante films inspirés par son œuvre, tant aux États-Unis, en URSS, au Japon, en Finlande qu'en France, certains, comme BEL AMI, tournés trois fois ! Il n'est pas jusqu'à UNE FEMME COQUETTE de Jean-Luc Godard (1955), qui n'ait été inspiré de Maupassant. Ajoutons que les cinéphiles ne manqueront pas de noter la ressemblance de sujet entre BOULE DE SUIF et LA CHEVAUCHÉE FANTASTIQUE, de John Ford. BOULE DE SUIF avait été, auparavant, tourné par le Soviétique Mikhail Romm en 1934 et par le Japonais Kenji Mizoguchi en 1934, tandis que MADEMOISELLE FIFI était réalisé par Robert Wise en 1944 avec Simone Simon.

Réalisateur et adaptation : **CHRISTIAN-JAQUE**
Scénario : **Louis D'HÉE**
D'après les nouvelles « Mademoiselle Fifi » et « Boule-de-Suif » de : **Guy de MAUPASSANT**
Adaptation et dialogues : **Henri JEANSON**
Directeur de la photographie : **Christian MATRAS**
Décors : **Léon BARSACQ**
Musique : **Marius-Paul GUILLOT**
Production : **Artes-Films**
Durée : **103 minutes**

FICHE TECHNIQUE

La mort de « Fifi »...

Micheline PRESLE : Élisabeth Rousset, dite « Boule-de-Suif »
Louis SALOU : L'officier prussien, « Fifi »
Alfred ADAM : Cornudet
Berthe BOVY : Mme Bonnet
Louise CONTE : La comtesse de Bréville
Suzet MAÏS : Mme Loiseau
Jean BROCHARD : Auguste Loiseau
Denis d'INÈS : Le curé d'Uville
Pierre PALAU : Edmond Carré-Lamadon
Marcel SIMON : Le comte Hubert de Bréville
Roger KARL : Le major colonel
Jeanine VIÉNOT : Mme Carré-Lamadon
Jean SINOËL : Follenvie
Gabrielle FONTAN : Mme Follenvie

INTERPRETATION

Abel GANCE

LE CAPITAINE FRACASSE

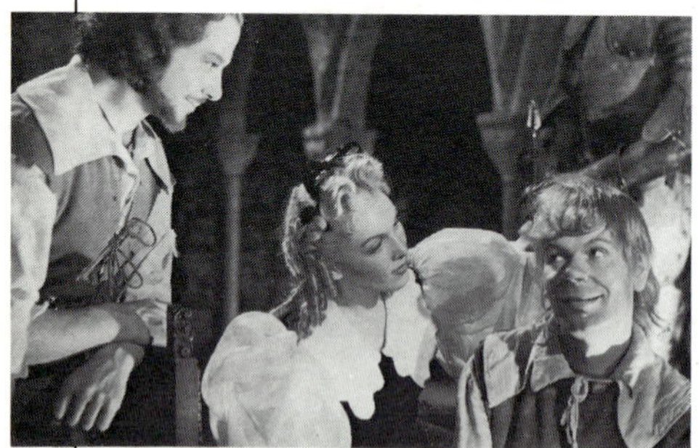

Le baron de Sigognac,
Isabelle (**Assia Noris**) et Fagotin (**Roger Blin**).

L'HISTOIRE

Dans la première moitié du XVIIe siècle qui se dégage à peine des ornements baroques des précédentes époques, vit en Gascogne, au château de la Misère, le jeune baron de Sigognac, complètement ruiné. Une troupe de comédiens ambulants s'arrête dans la cour du manoir. Sigognac leur offre l'hospitalité, remarque la beauté d'Isabelle, qui joue les ingénues, et conçoit le projet de suivre le chariot de la troupe dans ses pérégrinations. Le vieil acteur qui jouait jusqu'alors Matamore vient de mourir ; Sigognac, juvénile et bondissant, va le remplacer avantageusement. Sous le nom de Capitaine Fracasse, il va à la fois soulever l'enthousiasme des populations ébahies et disputer Isabelle à un dangereux rival, le duc de Vallombreuse. Un duel oppose les deux hommes près d'un cimetière à Poitiers. Chacun reconnaît la valeur de l'adversaire, mais, par ruse, Vallombreuse fait enlever Isabelle pour l'enfermer dans son château. C'était compter sans Sigognac/Fracasse qui surgit là — encore. Un nouveau duel s'engage, mais à mort, cette fois. Une révélation en forme de coup de théâtre bouleverse ces aventures : Isabelle est une riche héritière et la propre sœur de Vallombreuse. Redevenu Sigognac, l'ex-capitaine Fracasse peut enfin épouser la belle.

Le cinéma a toujours eu une prédilection pour le roman de Théophile Gautier. En 1929, Cavalcanti le mit en scène en confiant le rôle principal à Pierre Blanchar qui fit de Sigognac une sorte de rêveur romantique. En 1960, Pierre Gaspard-Huit reprit le même sujet avec Jean Marais qui se spécialisait alors dans les héros de cape et d'épée. En 1991, Ettore Scola tournait LE VOYAGE DU CAPITAINE FRACASSE, avec Vincent Pérez.

La critique de l'époque ne fut pas tendre pour Abel Gance : elle lui reprocha d'avoir versé dans l'imitation de Rostand (à propos du duel en vers entre Sigognac et Vallombreuse) et d'avoir mobilisé une actrice de l'Opéra pour un rôle important. Abel Gance se défendit avec fougue, parlant d'aller en justice, exigeant que son nom fût retiré du générique puisque le producteur avait jugé bon de contracter en le mutilant le film prévu pour passer en deux épisodes. Le montage que Gance tenait, à juste titre, pour essentiel, ne répondait plus alors à ce qu'il avait ardemment souhaité.

Un cadre propice aux intrigues...

Sigognac (**Fernand Gravey**) affronte en duel le duc de Vallombreuse (**Jean Weber**) et ses hommes.

Réalisation : **Abel GANCE**
Adaptation : **Abel GANCE, Claude VERMOREL**
D'après le roman de : **Théophile GAUTIER**
Dialogues : **Abel GANCE, Claude VERMOREL, Stève PASSEUR**
Directeur de la photographie : **Nicolas HAYER**
Musique : **Arthur HONEGGER**
Décors : **Henri MAHÉ**
Costumes : : **BEYTOUT**
Production : **Lux-Zénith**
Durée : **108 minutes**

FICHE TECHNIQUE

Une troupe de comédiens ambulants...

Fernand GRAVEY : Le baron de Sigognac
Assia NORIS : Isabelle
Jean WEBER : Le duc de Vallombreuse
Vina BOVY : Séraphine
Alice TISSOT : Dame Léonarde
Maurice ESCANDE : Le marquis des Bruyères
Roland TOUTAIN : Scapin
Lucien NAT : Agostin
Paul ŒTTLY : Matamore
Mona GOYA : La marquise des Bruyères
Roger BLIN : Fagotin
Pierre LABRY : Hérode

INTERPRETATION

1953

Jean RENOIR

LE CARROSSE D'OR

L'HISTOIRE

Une troupe de la Commedia dell'arte, arrivant d'Italie, vient bouleverser la vie bien réglée d'une cour royale, dans une colonie espagnole d'Amérique du Sud, au XVIIIe siècle. La vedette de la troupe est Camilla, qui joue sur scène le rôle de Colombine ; elle a pour soupirant Felipe, un bel Italien. Deux rivaux vont se présenter : Ramon, le célèbre torero, et le vice-roi de la colonie en personne. Entre ces trois hommes, qui lui promettent chacun le bonheur à leur manière, Camilla hésite. Une tentation supplémentaire est représentée par un somptueux carrosse d'or, symbole de puissance dans cette Espagne miséreuse, que le vice-roi a fait venir spécialement d'Italie, malgré les dépenses que lui vaut la guerre qu'il mène contre les Indiens. Tout le monde à la cour convoite ce trésor : pour couper court aux intrigues, le vice-roi fait don du carrosse à Camilla.

Mais la révolte gronde au palais contre les caprices du souverain ; Ramon et Felipe, qui se sont battus en duel, risquent la prison. Tout sera résolu par le geste généreux de Camilla : sacrifiant le seul bien matériel qu'elle possède, elle fait don du carrosse à l'Église et, oubliant ses amours d'une saison, retourne à sa seule passion, à sa vraie vie : le théâtre.

Soupirant attitré de Camilla, Felipe Aquierre **(Paul Campbell)** va voir deux rivaux apparaître.

Ce film, qui marquait le retour de Jean Renoir en Europe après treize ans d'absence, fut tourné en trois versions : italienne, anglaise et française. Il adaptait très librement la pièce de Mérimée « Le carrosse du Saint-Sacrement », pour se rapprocher plutôt du théâtre de Goldoni. Renoir avait voulu rendre hommage à la Commedia dell'arte, comme il honorera deux ans plus tard le Caf'Conc' français dans FRENCH CANCAN. Il souhaitait intituler son film « La Comédienne, le Théâtre et la Vie ». La réplique-clef est prononcée par Camilla/Colombine : « Où finit le théâtre, où commence la vie ? »

La beauté des couleurs, la richesse de l'accompagnement musical, le jeu d'Anna Magnani font de ce film un des meilleurs de Renoir. C'est en gage d'admiration que François Truffaut appela sa maison de production « Les Films du Carrosse ».

Ferdinand, le vice-roi **(Duncan Lamont)**, offrira le carrosse d'or à Camilla **(Anna Magnani)**.

FICHE TECHNIQUE

Réalisation et scénario : **Jean RENOIR**
Co-scénaristes : **Renzo AVENZO, Giulio MACCHI, Jack KIRKLAND, Ginette DOYNEL**
D'après la pièce « Le carrosse du Saint-Sacrement » de : **Prosper MÉRIMÉE**
Directeurs de la photographie : **Claude RENOIR, Ronald HILL**
Musique : **Antonio VIVALDI, Archangelo CORELLI, Olivier MÉTRA**
Décors : **Mario CHIARI**
Costumes : **Mario DE MATTEÏS**
Production : **Panaria Films/Hoche Production**
Distribution : **Corona**
FRANCE - ITALIE. Durée : **100 minutes**

INTERPRETATION

Anna MAGNANI : Camilla/Colombine
Duncan LAMONT : Ferdinand, le vice-roi
Odoardo SPADARO : Don Antonio
Riccardo RIOLI : Ramon, le torero
Paul CAMPBELL : Felipe Aquierre
George HIGGINS : Martinez
Gisela MATHEWS : La marquise Inès Altmirano
Ralph TRUMAN : Le duc de Castro
Giulio TEDESCHI : Balthazar, le barbier
William TUBBS : L'aubergiste
Jean DEBUCOURT : L'archevêque de Carmol
Raf de LA TORRE : Le procureur

1968

Alain CAVALIER

LA CHAMADE

Lucile (**Catherine Deneuve**) est tombée amoureuse d'Antoine (**Roger Van Hool**).

Après cette expérience malheureuse, Lucile reviendra vivre auprès de Charles (**Michel Piccoli**).

L'HISTOIRE

Lucile, 25 ans, est la maîtresse comblée de Charles, riche quadragénaire qui, depuis deux ans, lui assure une existence dorée, sans problèmes. Le couple illégitime est fort bien admis par le petit groupe d'amis fortunés qui fréquentent assidûment les théâtres et les cabarets à la mode.

A l'issue d'une pièce de théâtre, Lucile s'attarde dans un café et rencontre Antoine, un jeune homme de son âge que son amie Diane a pris pour amant, malgré la différence de revenus qui les sépare. Lucile tombe amoureuse d'Antoine, qui a trouvé un emploi fort modeste chez un éditeur. Ils s'éprennent l'un de l'autre, mais Antoine, exclusif et taciturne, n'admet pas la liaison de Lucile et de Charles. Il exige bientôt une rupture que Lucile, toute à son bonheur égoïste, n'envisageait pas, d'autant plus que Charles semble vouloir ignorer cette liaison, qu'il juge contraire à la nature frivole de sa jeune maîtresse.

Le grand amour de Lucile et d'Antoine, qui vivent maintenant ensemble, est vite assombri par les difficultés financières de la réalité quotidienne. Lucile trouve du travail mais accepte mal cette aliénation dont elle n'avait pas l'idée. Elle se lasse également des exigences d'Antoine et commence à regretter le confortable cocon de sa première liaison. Enceinte, elle refuse la maternité et accepte que Charles prenne en charge les frais d'avortement dans une clinique suisse. Meurtrie par son expérience malheureuse, Lucile reviendra près de Charles, qui l'attendait avec indulgence.

Alain Cavalier avait véritablement commencé sa carrière cinématographique avec deux longs métrages qui l'imposèrent soudain comme l'un des rares cinéastes engagés d'une époque où la censure française se montrait particulièrement vigilante : LE COMBAT DANS L'ÎLE (1962) et L'INSOUMIS (1964). LA CHAMADE est le portrait fugace d'une petite bourgeoisie oisive et cultivée qui venait du roman de Françoise Sagan. La rigueur classique de ce film aux décors raffinés, sorti sur les écrans parisiens le 30 octobre 1968, avait paru hors de mode après le mois de mai historique et les mutations du langage cinématographique venues d'une Nouvelle Vague en colère. Pourtant, Alain Cavalier avait su garder une certaine distance critique vis-à-vis des personnages de Françoise Sagan. La romancière, au plus fort de sa gloire littéraire, s'était montrée fort soucieuse des problèmes de fidélité à son texte. Elle fut rassurée en acceptant une collaboration pour les travaux d'adaptation cinématographique et pour l'écriture des dialogues.

FICHE TECHNIQUE

Réalisation, scénario et adaptation : **Alain CAVALIER**
Co-scénariste et dialoguiste, d'après son roman : **Françoise SAGAN**
Directeur de la photographie : **Pierre LHOMME**
Musique : **Maurice LEROUX**
Décors : **Jacques DUGIED**
Costumes de Catherine Deneuve : **Yves SAINT-LAUREN**
Production : **Films Ariane/Productions Artistes Associés**
Distribution : **Artistes Associés**
Durée : **105 minutes**

INTERPRETATION

Catherine DENEUVE : Lucile
Michel PICCOLI : Charles
Roger VAN HOOL : Antoine
Irène TUNC : Diane
Jacques SEREYS : Johnny
Philippine PASCAL : Claire
AMIDOU : Étienne
Monique LEJEUNE : Marianne
Louise RIOTON : Pauline
Matt GARNEY : Destret
Christiane LASQUIN : Madeleine

François TRUFFAUT

LA CHAMBRE VERTE

A l'origine du film, une triste constatation de François Truffaut : « Chaque année, il nous faut rayer des noms sur le carnet d'adresses de notre agenda et il arrive un moment où nous nous apercevons que nous connaissons plus de morts que de vivants. » LA CHAMBRE VERTE fut l'occasion de retrouver Jean Gruault, co-scénariste de JULES ET JIM, L'ENFANT SAUVAGE, DEUX ANGLAISES ET LE CONTINENT, L'HISTOIRE D'ADÈLE H. Ensemble, ils s'inspirèrent de trois nouvelles de Henry James (« L'autel des morts », « Les amis des amis » et « La bête dans la jungle ») et d'éléments biographiques : comme le personnage du film, l'écrivain voua toute sa vie un véritable culte à sa fiancée morte. La musique fut choisie parmi l'œuvre inédite de Maurice Jaubert (le Concerto Flamand — 1936), et enregistrée avant le tournage. François Truffaut s'imprégna de cette musique grave et austère pour se diriger lui-même.

Julien a adopté le petit Georges (**Patrick Maléon**).

L'HISTOIRE

1928. Dans une petite ville de l'Est de la France, Julien Davenne mène une vie discrète et retirée auprès de Mme Rambaud, sa gouvernante et de Georges, un enfant handicapé auquel il apprend à parler et montre des photos de la guerre. Julien a été très marqué par les affrontements de la Première Guerre mondiale qui ont fait tant de victimes. Le souvenir de sa femme, morte après leur mariage, le hante. Au premier étage de sa maison, il a aménagé une chambre entièrement vouée au culte de la défunte. Rédacteur au « Globe », Julien est devenu un spécialiste des notices nécrologiques. On lui demande de rédiger celle du ministre Massigny, qui fut son ami bien avant d'avoir trahi leurs rêves de jeunesse. Dans une salle des ventes, Julien rencontre Cécilia, l'assistante du commissaire-priseur, qui va l'aider à retrouver une bague de Julie. Tous deux éprouvent le même respect pour les morts. Julien obtient le droit de restaurer une chapelle abandonnée, proche d'un cimetière, Cécilia s'associe à lui dans cette tâche, jusqu'au jour où il découvre qu'elle fut jadis la maîtresse de Massigny. A présent, ce qui les sépare est plus important que ce qui les réunit. Julien s'enferme chez lui pour se laisser mourir. Cécilia lui écrit qu'elle l'aime. Épuisé, il la rejoint dans la chapelle où brûlent mille cierges devant des photographies des amis disparus, et meurt.

Julien Davenne (**François Truffaut**) demande à Cécilia de prendre soin de sa chapelle ardente.

Mme Rambaud (**Jane Lobre**) et Davenne dans la chambre verte.

Cécilia Mandel (**Nathalie Baye**) et Davenne.

FICHE TECHNIQUE

Réalisateur, scénario, dialogues et production: **François TRUFFAUT**
Co-scénariste : **Jean GRUAULT**
D'après des nouvelles de : **Henry JAMES**
Directeur de la photographie : **Nestor ALMENDROS**
Musique : **Maurice JAUBERT**
Décors : **Jean-Pierre KOHUT-SVELKO**
Production : **Les Films du Carrosse/ Les Productions Artistes Associés**
Distribution : **Les Artistes Associés**
Durée : **94 minutes**

INTERPRETATION

François TRUFFAUT : Julien Davenne
Nathalie BAYE : Cécilia Mandel
Jean DASTÉ : Bernard Humbert
Jean-Pierre MOULIN : Gérard Mazet
Antoine VITEZ : Le secrétaire de l'évêque
Jane LOBRE : Madame Rambaud
Jean-Pierre DUCOS : Le prêtre
Annie MILLER : Geneviève Mazet
Marie JAOUL : Yvonne Mazet
Monique DURY : Monique
Laurence RAGON : Julie Davenne
Marcel BERBERT : Le docteur Jardine
Guy D'ABLON : L'artisan en mannequins
Patrick MALÉON : Georges

1948

CHRISTIAN-JAQUE

LA CHARTREUSE DE PARME

Fabrice del Dongo (**Gérard Philipe**) a séduit Clélia (**Renée Faure**).

L'HISTOIRE

En 1821, après trois ans d'études ecclésiastiques, Fabrice del Dongo revient à Parme rejoindre sa jolie tante la duchesse Sanseverina, qui tombe amoureuse de lui. Mais le jeune homme ignore ce sentiment et cherche ailleurs ses aventures galantes ; une idylle avec une cantatrice se termine par un duel. Puis Fabrice poursuit une ingénue comédienne. Mais il est attaqué par le directeur de la troupe, qu'il tue. Il est arrêté en cherchant à traverser la frontière pour passer en Lombardie. Transféré à la citadelle de Parme, il est enfermé à la tour Farnèse et condamné à douze ans de prison. Clélia Conti, la fille du gouverneur de la prison, tombe amoureuse du beau prisonnier. Ils communiquent grâce à la complicité du geôlier. Clélia réussit à faire échouer la tentative d'empoisonnement dont le comte Mosca, amoureux de la duchesse et jaloux de Fabrice, est l'auteur. Elle jure d'épouser le marquis Creszenzi, un parvenu que son père lui destine malgré elle, si Fabrice est sauvé. Grâce à la duchesse, Fabrice s'évade. Apprenant les noces de Clélia, il arrive à Parme le soir du mariage. La duchesse, de son côté, épouse le comte Mosca. Désespéré, Fabrice part finir ses jours dans la Chartreuse de Vellejà.

La Sanseverina (**Maria Casarès**) et Ernest IV (**Louis Salou**).

Rassi (**Lucien Coëdel**).

Dès l'annonce de la mise en chantier du film, un érudit qui avait consacré sa vie à Stendhal s'insurgea avec violence : « La Chartreuse de Parme » était intouchable. Le film, qui fut le plus long métrage français de l'époque, obtint un succès rare.

Gérard Philipe refusa d'être doublé dans la séquence de l'évasion. Il descendit lui-même les 40 mètres de cordes et termina épuisé. Six ans plus tard, Gérard Philipe personnifiait à nouveau un célèbre héros stendhalien : Julien Sorel, dans LE ROUGE ET LE NOIR, de Claude Autant-Lara.

Clélia Conti,
la fille du gouverneur de la prison de Parme.

FICHE TECHNIQUE

Réalisation et scénario : **CHRISTIAN-JAQUE**
Co-scénaristes : **Pierre VÉRY, Pierre JANY**
D'après le roman de : **STENDHAL**
Directeur de la photographie : **Nicolas HAYER**
Musique : **Renzo ROSSELLINI**
Décors : **Jean d'EAUBONNE**
Costumes : : **Georges ANNENKOF**
Production : **André PAULVÉ-Scalera/ Excelsior Films**
Distribution : **Discina**
FRANCE - ITALIE. Durée : **175 minutes**

INTERPRETATION

Gérard PHILIPE : Fabrice del Dongo
Renée FAURE : Clélia Conti
Maria CASARÈS : La Sanseverina
Louis SALOU : Ernest IV
Lucien COËDEL : Rassi
Louis SEIGNER : Grillo
Tullio CARMINATI : Le comte Mosca
Aldo SILVANI : Le général Conti
Attilio DOTTESIO : Ferrante Palla
Enrico GLORI : Giletti
Claudio GORA : Le marquis Creszenzi
Maria MICHI : Marietta
Evelina PAOLI : La grande-duchesse

1971

Pierre GRANIER-DEFERRE

LE CHAT

L'HISTOIRE

À Courbevoie, dans un petit pavillon coincé entre des chantiers de construction d'H.L.M., un vieux couple vit une retraite orageuse. Lui, Julien, la soixantaine, est un ancien ouvrier typographe ; Clémence, sa femme, de dix ans sa cadette, boite des suites d'un accident survenu lorsqu'elle était acrobate de cirque. S'ils se sont aimés jadis, aujourd'hui ils ne se supportent plus ; de violentes disputes alternent avec de longues périodes de mutisme total.

Un jour, Julien ramène un chat perdu qu'il appelle Greffier. L'animal devient son compagnon : il lui parle, joue avec lui et lui réserve toute son affection. Clémence, éperdue de jalousie, tue le chat à coups de revolver.

Julien va alors s'installer chez Nelly, une ancienne maîtresse qui tient un hôtel de passe. Clémence rôde autour de l'hôtel, harcèle son époux jusqu'à ce qu'il revienne au pavillon. Là, désormais, ils ne communiquent plus que par écrit, ressassant leurs griefs, la mort du chat, toute leur haine.

Clémence, en l'absence de son mari, est frappée d'une crise cardiaque. Julien revient pour la voir mourir : il la veille toute la nuit puis absorbe un tube de somnifères. Il meurt à son arrivée à l'hôpital.

Julien Bouin (**Jean Gabin**) réserve son affection au chat qu'il a recueilli.

La haine s'est installée au sein du couple.

Jalouse, Clémence (**Simone Signoret**) tue le chat.

Jean Gabin interpréta neuf autres adaptations de Simenon : LA MARIE DU PORT (1949, Marcel Carné). LA VÉRITÉ SUR BÉBÉ DONGE (1951, Henri Decoin), LE SANG A LA TÊTE (1956, Gilles Grangier, d'après « Le fils Cardinaud »), MAIGRET TEND UN PIÈGE (1957, Jean Delannoy), EN CAS DE MALHEUR (1958, Claude Autant-Lara), MAIGRET ET L'AFFAIRE SAINT-FIACRE (1959, Jean Delannoy), LE BARON DE L'ÉCLUSE (1960, Jean Delannoy), LE PRÉSIDENT (1961, Henri Verneuil), MAIGRET VOIT ROUGE (1963, Gilles Grangier).

De son côté, Simone Signoret fit de la figuration, en 1942, dans LE VOYAGEUR DE LA TOUSSAINT, adapté de Simenon par Louis Daquin, avant de jouer le principal rôle féminin dans LA VEUVE COUDERC (1971) et L'ÉTOILE DU NORD (1982) qui sont, avec LE CHAT et LE TRAIN (1973), les quatre films que Pierre Granier-Deferre a réalisé d'après des œuvres du grand romancier belge.

Julien s'installe chez Nelly (**Annie Cordy**).

Réalisation et scénario : **Pierre GRANIER-DEFERRE**
Co-scénariste : **Pascal JARDIN**
D'après le roman de : **Georges SIMENON**
Directeur de la photographie : **Walter WOTTITZ**
Musique : **Philippe SARDE**
Chanson « Le temps des souvenirs » interprétée par : **Jean SABLON**
Décors : **Jacques SAULNIER**
Production : **Raymond DANON-Lira Films/Gafer/Unitas Film/Cinétel/Comacico**
Distribution : **Valoria**
Durée : **86 minutes**

FICHE TECHNIQUE

Jean GABIN : Julien Bouin
Simone SIGNORET : Clémence Bouin
Annie CORDY : Nelly
Jacques RISPAL : Le médecin
Nicole DESAILLY : L'infirmière
HARRY-MAX : Le retraité
André ROUYER : Le délégué
Carlo NELL : L'agent immobilier
Yves BARSACQ : L'architecte
Florence HAGUENAUER : Germaine
Renata BIRGO : La crémière

INTERPRETATION

1990

Yves ROBERT

LE CHÂTEAU DE MA MÈRE

L'HISTOIRE

Si certains ressentent l'appel du large, Marcel, lui, ressent de plus en plus l'appel des collines. À La Treille, où il retrouve son ami Lili aux vacances de Noël et de Pâques, il rencontre un jour une petite prétentieuse de son âge égarée dans la garrigue, fille de Loïs de Montmajour, qui publie des poésies à Paris et corrige les articles du « Petit Marseillais ». Marcel connaît son premier grand émoi amoureux face à cette Isabelle qui l'entraîne dans ses jeux de soumission. L'humiliation est durement ressentie par Joseph, le père, qui interdit à Marcel de revoir sa belle. Celle-ci, en réalité, s'appelle Cassignol, elle vit dans une maison où, contrairement aux apparences bourgeoises, tout se délabre et elle a pour père un doux rêveur aussi pittoresque qu'éthylique. Tout à ses désillusions, Marcel se persuade que les filles ne valent rien, que jamais aucune ne lui fera quitter ses collines.

Allant désormais à La Treille à pied chaque fin de semaine, les Pagnol rencontrent Bouzigue. Celui-ci employé du canal et ancien élève de Joseph insiste pour leur confier la clé des portes des berges du canal. Ce nouvel itinéraire plus court, leur fait découvrir diverses propriétés, dont le château d'un comte colonel très sympathique et un jardinier un peu fou. Un jour, alors que Marcel vient d'être reçu second au concours des bourses, une des portes s'avère cadenassée. Les attend un garde ivre... de son petit pouvoir qui, non sans humiliation, leur confisque la clé et dresse procès-verbal. Joseph, ayant reçu les palmes académiques, craint le pire pour sa situation. Mais Bouzigue, menaçant le garde à son tour de procès-verbal pour cloisonnement illégal d'une porte du canal, obtient l'annulation de toute poursuite.

Bien plus tard, après la mort de Lili à la guerre, après la mort de Paul et de sa mère, Marcel, cinéaste, a acheté un château sans même le voir auparavant. Quelle n'est pas sa surprise de constater qu'il s'agit précisément du château dont sa mère, autrefois, avait si peur de traverser le parc ! Le château de sa mère !

Augustine (**Nathalie Roussel**), Joseph (**Philippe Caubère**) et Marcel (**Julien Ciamaca**) rencontrent le comte colonel (**Georges Wilson**).

La menace du garde (**Jean Carmet**).

LE CHÂTEAU DE MA MÈRE constitue, après LA GLOIRE DE MON PÈRE, le deuxième volet de l'adaptation, par Yves Robert, des « Souvenirs d'enfance » de Marcel Pagnol. Entre la sortie des deux films, c'est-à-dire entre fin août et fin octobre 1990, plus de quatre millions de spectateurs en France avaient vu le premier, tandis que l'œuvre littéraire connaissait un phénoménal regain d'intérêt : près de quinze mille exemplaires vendus chaque jour en édition de poche.

Marcel chez les Cassignol.

Bouzigue (**Philippe Uchan**) indique aux Pagnol le raccourci.

FICHE TECHNIQUE

Réalisation et adaptation : **Yves ROBERT**
D'après « Souvenirs d'enfance » de : **Marcel PAGNOL**
Adaptation : **Jérôme TONNERRE**
Directeur de la photo : **Robert ALAZRAKI**
Musique : **Vladimir COSMA**
Décors : **Jacques DUGIED**
Production : **Alain POIRÉ - Gaumont/Gaumont Production/Productions de la Guéville/TF1 Films Production**
Distribution : **Gaumont**
Durée : **98 minutes**

INTERPRETATION

Philippe CAUBÈRE : Joseph
Nathalie ROUSSEL : Augustine
Didier PAIN : Oncle Jules
Julien CIAMACA : Marcel
Jean CARMET : Le garde ivrogne
Jean ROCHEFORT : Loïs de Montmajour/Adolphe Cassignol
Georges WILSON : Le comte colonel
Philippe UCHAN : Bouzigue
Patrick PRÉJEAN : Dominique, le jardinier
Thérèse LIOTARD : Tante Rose
Paul CRAUCHET : Mond des Parpaillouns
Joris MOLINAS : Lili des Bellons
Julie TIMMERMAN : Isabelle

Claude SAUTET

LES CHOSES DE LA VIE

Les deux témoins du drame **(Boby Lapointe et Hervé Sand)** se précipitent vers la voiture de Pierre.

Pierre **(Michel Piccoli)** et son fils Bertrand **(Gérard Lartigau)**.

Le roman de Paul Guimard avait été un grand succès, le film connut le même sort : tout en conservant soigneusement l'esprit du livre, les auteurs assurèrent une vraie transposition en images.

L'accident, qui constitue le point central de l'histoire, fut mis au point par le cascadeur Gérard Streiff. Le montage très délicat de cette séquence retarda celui du film en prenant trois nouveaux mois.

« La violence absurde de l'accident nous a obligés, Jean-Loup Dabadie et moi, à traiter tout le reste du film, c'est-à-dire les neuf dixièmes, sur le mode de la « banalité » la plus rigoureuse : des rapports normaux, entre des gens normaux, dans des situations normales. C'était un point de vue moral. », déclarait Claude Sautet.

Le film fut récompensé par le prix Louis-Delluc et rencontra un triomphe public et critique.

L'HISTOIRE

Un accident banal sur une route de campagne : un camion qui cale, un autre qui arrive, une voiture qui roule à une vitesse excessive, fait plusieurs tonneaux, éjecte son conducteur... La victime est un architecte de quarante ans, Pierre, aisé, séparé de sa femme Catherine, ayant un grand fils — Bertrand — qu'il a peine à comprendre, et vivant, épisodiquement, avec Hélène, jeune femme qu'il trouve un peu possessive. Il est à l'âge où l'on se pose des questions. Ayant décidé de rejoindre son fils en vacances, il écrit une lettre de rupture à Hélène, geste qu'il regrette aussitôt alors qu'il est déjà sur la route. Il appelle sa maîtresse et lui donne rendez-vous dans une ville proche. Et c'est le drame. Ejecté, couché dans les herbes du pré, à demi conscient mais déjà mourant sans le savoir, Pierre revit quelques épisodes de son passé, retrouvant la douceur des « choses de la vie », jusqu'au moment où se rêvant avec les siens, à côté du bateau familial, il s'enfonce sans recours dans la mort.

Catherine, retrouvant la lettre destinée à Hélène parmi les objets personnels de Pierre, la déchire, respectant ainsi la volonté de son mari. Effondrée, Hélène s'éloigne, ignorant l'intention que son amant avait prise, un moment, de rompre avec elle...

Le père de Pierre **(Henri Nassiet)**, Catherine **(Léa Massari)** et François **(Jean Bouise)** apprennent la mort de Pierre.

Pierre a pour maîtresse Hélène **(Romy Schneider)**.

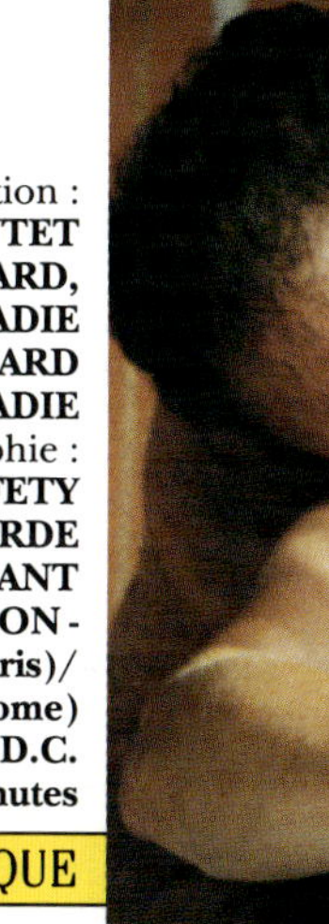

FICHE TECHNIQUE

Réalisation, scénario et adaptation : **Claude SAUTET**
Co-scénaristes : **Paul GUIMARD, Jean-Loup DABADIE**
D'après le roman de : **Paul GUIMARD**
Dialogues : **Jean-Loup DABADIE**
Directeur de la photographie : **Jean BOFFETY**
Musique : **Philippe SARDE**
Décors : **André PILTANT**
Production : **Raymond DANON - Lira Films/Sonocam (Paris)/ Fida Cinematografica (Rome)**
Distribution : **C.F.D.C.**
FRANCE - ITALIE. Durée : **98 minutes**

INTERPRETATION

Michel PICCOLI : Pierre Bérard
Romy SCHNEIDER : Hélène
Léa MASSARI : Catherine Bérard
Gérard LARTIGAU : Bertrand Bérard
Jean BOUISE : François
Boby LAPOINTE : Le chauffeur de la bétaillère
Hervé SAND : Le camionneur
Henri NASSIET : Le père de Pierre
Marcelle ARNOLD : La mère d'Hélène
Roger CROUZET : Le promoteur
Jean-Pierre ZOLA : Le père d'Hélène
Gérard STREIFF : Le motard

1969

Yves ROBERT

CLÉRAMBARD

Le vicomte Hector de Clérambard (**Philippe Noiret**) se comporte en tyran avec sa femme (**Martine Sarcey**) et son fils (**Gérard Lartigau**).

L'HISTOIRE

Ruiné, le vicomte Hector de Clérambard exerce sur son entourage, bêtes et gens, une féroce tyrannie. Son dernier forfait : il a tué le chien du curé ! Certains, au village, voudraient lui donner une bonne leçon. Gustalin, par exemple, le gardien du château qui, pour faire peur au tyran, met en scène un simulacre de miracle : un faux moine apparaît à Clérambard et lui remet un livre relatant la vie de Saint François d'Assise. Bouleversé par cette lecture, le vicomte va désormais s'employer, avec acharnement, à imiter la vie du saint et à imposer autour de lui une toute neuve autant qu'implacable tyrannie du Bien ! Sa femme Louise tue une araignée, il la réprimande. Son fils Octave aime une prostituée, « La langouste » et Clérambard défait aussitôt le pourtant riche mariage prévu avec la plus laide des filles de Maître Galuchon. Mieux encore, le « saint » vicomte met en vente son château et décide d'aller, en roulotte, prêcher sur les routes de France la parole du bon Saint François. Rien ne l'arrêtera, pas même la révélation de la supercherie de Galuchon. Il sera accompagné de nombreux disciples qu'une nouvelle apparition du saint, miraculeuse cette fois, a définitivement convertis.

Seul le curé, qui n'a rien vu, ne suivra pas la caravane !

C'est le 13 mars 1950, à la Comédie des Champs-Élysées, qu'avait été créée, avec Jacques Dumesnil dans le rôle-titre, la pièce de Marcel Aymé. Son auteur, né à Joigny le 29 mars 1902 et mort à Paris le 14 octobre 1967, était devenu écrivain en 1925 après s'être « fait les dents » dans la banque, les assurances, le journalisme. Quelques-unes de ses œuvres furent adaptées à l'écran, telles LA RUE SANS NOM (Pierre Chenal, 1933), LA BELLE IMAGE (Claude Heymann, 1951), LE PASSE-MURAILLE (Jean Boyer, 1951), LA TABLE AUX CREVÉS (Henri Verneuil, 1951), LE CHEMIN DES ÉCOLIERS (Michel Boisrond, 1959), URANUS (Claude Berri, 1990) ; les plus célèbres demeurent celles qu'a signées Claude Autant-Lara : LA TRAVERSÉE DE PARIS (1956) et LA JUMENT VERTE (1959).

CLÉRAMBARD permit à Yves Robert de retrouver en Philippe Noiret son interprète des COPAINS (1965) et de ALEXANDRE LE BIENHEUREUX (1968).

Les filles de Maître Galuchon : Etiennette (**Françoise Arnaud**), Evelyne (**Josyane Lévêque**) et Brigitte (**Lyne Chardonnet**).

Clérambard interdit désormais que l'on fasse du mal à une mouche !

« La langouste » (**Dany Carrel**) et Clérambard.

Réalisation et production : **Yves ROBERT**
Scénario, adaptation, dialogues : **Jean-Loup DABADIE, Yves ROBERT**
D'après la pièce de : **Marcel AYMÉ**
Directeur de la photo : **René MATHELIN**
Musique : **Vladimir COSMA**
Chanson interprétée par : **Marie LAFORÊT**
Décors : **Robert CLAVEL**
Production : **Les Films de la Guéville/ Gaumont International/ Madeleine Films/C.A.P.A.C.**
Distribution : **Gaumont**
Durée : **100 minutes**

FICHE TECHNIQUE

Philippe NOIRET : Hector de Clérambard
Dany CARREL : « La langouste »
Lise DELAMARE : Mme de Léré
Gérard LARTIGAU : Octave de Clérambard
Martine SARCEY : Louise de Clérambard
Claude PIÉPLU : Maître Galuchon
Juliette BRAC : Mme Galuchon
Roger CAREL : Le curé
Robert DALBAN : Gustalin
Lyne CHARDONNET : Brigitte Galuchon
Josyane LÉVÊQUE : Evelyne Galuchon
Françoise ARNAUD : Etiennette Galuchon
Patrick PRÉJEAN : Buzard
Yves ROBERT : Pastourin

INTERPRETATION

1943

Robert VERNAY

LE COMTE DE MONTE-CRISTO

L'HISTOIRE

1re époque : Edmond Dantès. A Marseille, en 1815, Edmond Dantès, un jeune matelot, va épouser Mercédès. Mais il est accusé — anonymement — de menées bonapartistes par Fernand, amoureux de sa fiancée, et par Caderousse, qui convoite son poste de chef d'équipage. Condamné par M. de Villefort, qui le sait innocent, Dantès va passer vingt ans au Château d'If avant de s'évader avec la complicité d'un compagnon de cellule, l'abbé Faria. Celui-ci a révélé à son ami l'existence d'un trésor sur l'îlot de Monte-Cristo où le fugitif se rend, guidé par un contrebandier, Bertuccio, qui ne le quittera plus. Riche, Edmond revient en France où, déguisé en prêtre, il découvre l'identité de ceux qui l'ont trahi : Caderousse — au bagne pour avoir assassiné le bijoutier Joannès — et sa femme, La Carconte ; Villefort, maintenant à Paris ; Fernand, devenu comte de Mortcerf et mari de Mercédès. Dantès va se venger...

2e époque : Le châtiment. Se faisant passer pour le comte de Monte-Cristo, Edmond s'introduit dans la haute société parisienne avec sa compagne Haydée, qu'il a sauvée, dans un pays lointain, de l'esclavage. La jeune femme a reconnu en Mortcerf l'officier qui l'a fait vendre comme esclave. Confondu par Dantès, Fernand se suicide. Puis Monte-Cristo manipule deux exbagnards, Caderousse et un certain Benedetto, enfant naturel et caché de Villefort, de telle sorte que le second assassine le premier. Benedetto est traduit devant un tribunal que préside son père... Face à ce fils maudit, Villefort meurt, terrassé par l'émotion.

Monte-Cristo est provoqué en duel par Albert de Mortcerf, qui veut venger son père, Fernand. Mercédès supplie son ancien fiancé d'épargner son enfant : elle ignorait tout du complot ourdi contre Edmond par son mari. Le comte, apaisé, quitte la France avec Haydée.

Edmond Dantès (**Pierre Richard-Willm**) et sa fiancée.

Dantès et Bertuccio (**Marcel Herrand**) son ami fidèle.

Dantès et Beauchamp (**Louis Salou**).

Dantès, devenu le comte de Monte-Cristo, à Paris, en compagnie de Bertuccio.

Le succès du roman d'Alexandre Dumas père (1803-1870) ne s'est jamais démenti depuis sa parution en 1844. Le cinéma ne se priva pas de l'adapter à maintes reprises, prêtant au comte vengeur les traits de Léon Mathot (Fr., Henri Pouctal, 1917), John Gilbert (U.S.A., Emmett J. Flynn, 1922), Jean Angelo (Fr., Henri Fescourt, 1929), Robert Donat (U.S.A., Rowland V. Lee, 1934), Jean Marais (Fr., Robert Vernay, 1961), Richard Chamberlain (G.B., David Greene, 1974), Jacques Weber (Fr., Denys de La Patellière, 1980), entre (beaucoup d')autres... Mais le comte ne fut pas seul à monopoliser, les écrans. Des scénaristes à l'imagination fertile lui donnèrent une épouse, LA FEMME DE MONTE-CRISTO (Edgar G. Ulmer, 1946), incarnée par Lenore Aubert, et un fils, Louis Hayward dans LE FILS DE MONTE-CRISTO (Rowland V. Lee, 1940).

FICHE TECHNIQUE

Réalisation : **Robert VERNAY**
Scénario, adaptation et dialogues : **Charles SPAAK**
D'après le roman de : **Alexandre DUMAS**
Directeur de la photographie : **Victor ARMENISE**
Musique : **Roger DESORMIÈRES**
Décors : **René RENOUX**
Production : **Regina**
Durée : **90 minutes (1re époque), 94 minutes (2e époque)**

INTERPRETATION

Pierre RICHARD-WILLM : Edmond Dantès
Michèle ALFA : Mercédès
Alexandre RIGNAULT : Caderousse
Aimé CLARIOND : M. de Villefort
Marcel HERRAND : Bertuccio
Jean CHADUC : Albert de Mortcerf
Lise DELAMARE : Haydée
Charles GRANVAL : M. Morel
Line NORO : La Carconte
Alfred PASQUALI : Joannès
Ermette ZACCONI : L'abbé Faria
Henri BOSC : Fernand
André FOUCHE : Benedetto
Marie-Hélène DASTÉ : Madame de Villefort
Louis SALOU : Beauchamp
Jean JOFFRE : Le père Dantès

Pierre CHENAL

CRIME ET CHÂTIMENT

Raskolnikov **(Pierre Blanchar)** est harcelé par le juge Porphyre **(Harry Baur)**, qui le sait coupable.

Cette adaptation française de l'œuvre célèbre de Dostoïevski connut avant-guerre un franc succès et imposa le nom de son metteur en scène, Pierre Chenal, dont c'était le troisième long métrage (il avait déjà porté à l'écran Henri Béraud et Marcel Aymé, avant de s'attaquer à Jack London, Luigi Pirandello et James Cain). Le duo formé par Harry Baur et Pierre Blanchar fit merveille (le second obtint pour ce rôle un prix d'interprétation au Festival de Venise), et la reconstitution de l'ancienne Russie en studio ne choqua point. Chenal et ses collaborateurs avaient recherché une certaine stylisation, en s'inspirant des leçons de l'expressionnisme allemand.

Le roman de Dostoïevski fut porté à l'écran la même année, aux États-Unis, par Josef von Sternberg, avec Peter Lorre dans le rôle de Raskolnikov (pour éviter la confusion, le film fut intitulé en France REMORDS). En 1956, Georges Lampin réalisera une troisième version de l'œuvre, avec Jean Gabin (Porphyre) et Robert Hossein (Raskolnikov). Mais il existe également trois versions muettes (Gontcharov, 1910 ; Vronsky, 1913 ; Robert Wiene, 1923), ainsi que deux autres parlantes, l'une américaine, de Denis Sanders (1958), l'autre soviétique, de Lev Koulidjanov (1970).

L'HISTOIRE

Saint-Petersbourg, 1865. Un étudiant pauvre, Raskolnikov, professe des idées révolutionnaires. Tant pour les appliquer que pour se procurer de l'argent, il assassine Aliona, une vieille usurière. Surpris pendant son crime par Elisabeth, la sœur de sa victime, il est contraint d'en commettre un second et s'enfuit sans pouvoir emporter l'argent d'Aliona. Rongé par le remords, il commet des imprudences qui attirent sur lui l'attention du rusé juge Porphyre. Ce dernier le traque sans répit, sans réussir à le confondre. Cependant, Raskolnikov s'est amouraché d'une prostituée, Sonia, qu'il veut sauver de la déchéance. C'est elle qui lui conseille d'aller se livrer, pour soulager sa conscience. Condamné au bagne, il se retrouve sur les chemins de Sibérie. Derrière le convoi de prisonniers chemine la jeune femme...

Raskolnikov s'apprête à tuer Aliona **(Magdeleine Bérubet).**

Rodion a avoué ses crimes à Sonia **(Madeleine Ozeray).**

FICHE TECHNIQUE

Réalisation, scénario et adaptation : **Pierre CHENAL**
Co-scénaristes : **Christian STENGEL et Wladimir STRIJEWSKY**
D'après le roman de : **Fédor DOSTOÏEVSKI**
Dialogues : **Marcel AYMÉ**
Directeurs de la photographie : **Joseph-Louis MUNDWILLER, René COLAS**
Musique : **Arthur HONEGGER**
Production : **Christian STENGEL - Général Productions**
Distribution : **Les Grands Spectacles Cinématographiques**
Durée : **110 minutes**

INTERPRETATION

Pierre BLANCHAR : Rodion Romanovitch Raskolnikov
Marcelle GÉNIAT : Sa mère
Harry BAUR : Le juge Porphyre
Madeleine OZERAY : Sonia
Aimé CLARIOND : Loujine
Lucienne LEMARCHAND : Dounia
Magdeleine BÉRUBET : Aliona
SYLVIE : Catherine Ivanovna
Alexandre RIGNAULT : Razoumikhine
Catherine HESSLING : Elisabeth
Georges DOUKING : Nicolas
Marcel DELAITRE : Marmeladov

1990

Jean-Paul RAPPENEAU

CYRANO DE BERGERAC

Cyrano de Bergerac (**Gérard Depardieu**) est épris de sa cousine Roxane qui ignore sa passion.

La pièce d'Edmond Rostand, créée à Paris en 1897 par Coquelin, donna lieu à diverses adaptations cinématographiques : deux films italiens dont un d'Augusto Genina, un muet français de Jean Durand en 1910 avec Robert Péguy et Jeanne Marie-Laurent, le CYRANO DE BERGERAC de Fernand Rivers en 1945 avec Claude Dauphin, celui de Michael Gordon en 1950 avec José Ferrer, celui-ci obtenant un Oscar et étant salué par les héritiers de l'écrivain comme le meilleur interprète du rôle-titre jusqu'alors, avant de l'incarner à nouveau, aux côtés de Jean-Pierre Cassel, dans CYRANO ET D'ARTAGNAN d'Abel Gance. Puis il y eut la création de Daniel Sorano pour la télévision. Enfin, en 1987, Steve Martin adapta et interpréta une version transposée et modernisée : ROXANNE de Fred Schepisi.

Au théâtre, en France, les deux créations les plus récentes avant le film de Rappeneau furent celle de Robert Hossein avec Jean-Paul Belmondo au Théâtre Marigny, et celle de Jérôme Savary, en 1983, au Théâtre Mogador, avec Jacques Weber, dans le rôle-titre. Les droits étant tombés dans le domaine public, un premier projet trop coûteux fut abandonné, et repris plus tard par René Cleitman pour un budget de cent millions de francs. Les quarante décors d'Ezio Frigerio se répartirent entre la France (Le Mans, Moret-sur-Loing, Dijon, Uzès, Abbaye de Fontenay, Fontainebleau) et la Hongrie. La pièce fut raccourcie en bien des points mais, le pari étant de respecter la versification, Jean-Claude Carrière avoua avoir dû écrire « une bonne centaine d'alexandrins à la manière de Rostand ».

Le film valut à Gérard Depardieu le prix d'interprétation masculine au Festival de Cannes. Il remporta dix Césars : meilleurs film, acteur, réalisateur, second rôle masculin, musique, photo, décor, son, montage et costumes ; ainsi que l'Oscar des meilleurs costumes à Hollywood.

Valvert (**Philippe Volter**), Roxane (**Anne Brochet**) et de Guiche (**Jacques Weber**).

Cyrano et les cadets de Gascogne.

L'HISTOIRE

Cyrano de Bergerac accepte, à la demande de sa cousine Roxane, de prendre sous sa protection, au sein des cadets de Gascogne, l'aimé de celle-ci, le baron Christian de Neuvillette. Cyrano, affublé d'un nez proéminent, aime Roxane, qui ignore sa passion. C'est pourtant lui qui va dicter à son rival les mots d'amour que celui-ci ne sait trouver, dénué qu'il est de tout esprit. C'est même lui qui intervient, déguisant sa voix, sous le balcon de la belle qui, séduite, va accorder ses faveurs à Christian et l'épouser. Ceci éconduit à jamais le comte de Guiche qui, pour se venger, envoie les cadets à la guerre, au siège d'Arras. Comprenant que Roxane, qui a pu les rejoindre en franchissant les lignes espagnoles, n'aime que son âme, Christian se laisse tuer. Les années passent. Roxane, veuve éplorée et retirée dans un couvent, découvre enfin que l'auteur des lettres d'amour était Cyrano. Lequel, blessé à la tête par des ennemis voués à sa perte, vient vivre ses dernières heures auprès d'elle, la laissant dans la souffrance d'un amour deux fois perdu.

Réalisation et adaptation : **Jean-Paul RAPPENEAU**
Co-adaptateur : **Jean-Claude CARRIÈRE**
D'après l'œuvre de : **Edmond ROSTAND**
Directeur de la photo : **Pierre LHOMME**
Musique : **Jean-Claude PETIT**
Décors : **Ezio FRIGERIO**
Production : **René CLEITMAN, Michel SEYDOUX-Hachette Première et Cie/ Groupe Europe 1 Communication/Caméra One/Films A 2/D.D. Productions/UGC**
Distribution : **UGC.** Durée : **135 minutes**

FICHE TECHNIQUE

La mort de Christian (**Vincent Perez**).

Gérard DEPARDIEU : Cyrano de Bergerac
Anne BROCHET : Madeleine Robin dite « Roxane »
Vincent PEREZ : Le baron Christian de Neuvillette
Jacques WEBER : Le comte de Guiche
Roland BERTIN : Ragueneau
Philippe MORIER-GENOUD : Le Bret
Pierre MAGUELON : Carbon de Castel-Jaloux
Josiane STOLÉRU : La duègne
Philippe VOLTER : Le vicomte de Valvert
Jean-Marie WINLING : Lignières
Gabriel MONNET : Montfleury
François MARIE : Bellerose

INTERPRETATION

LES ADAPTATIONS

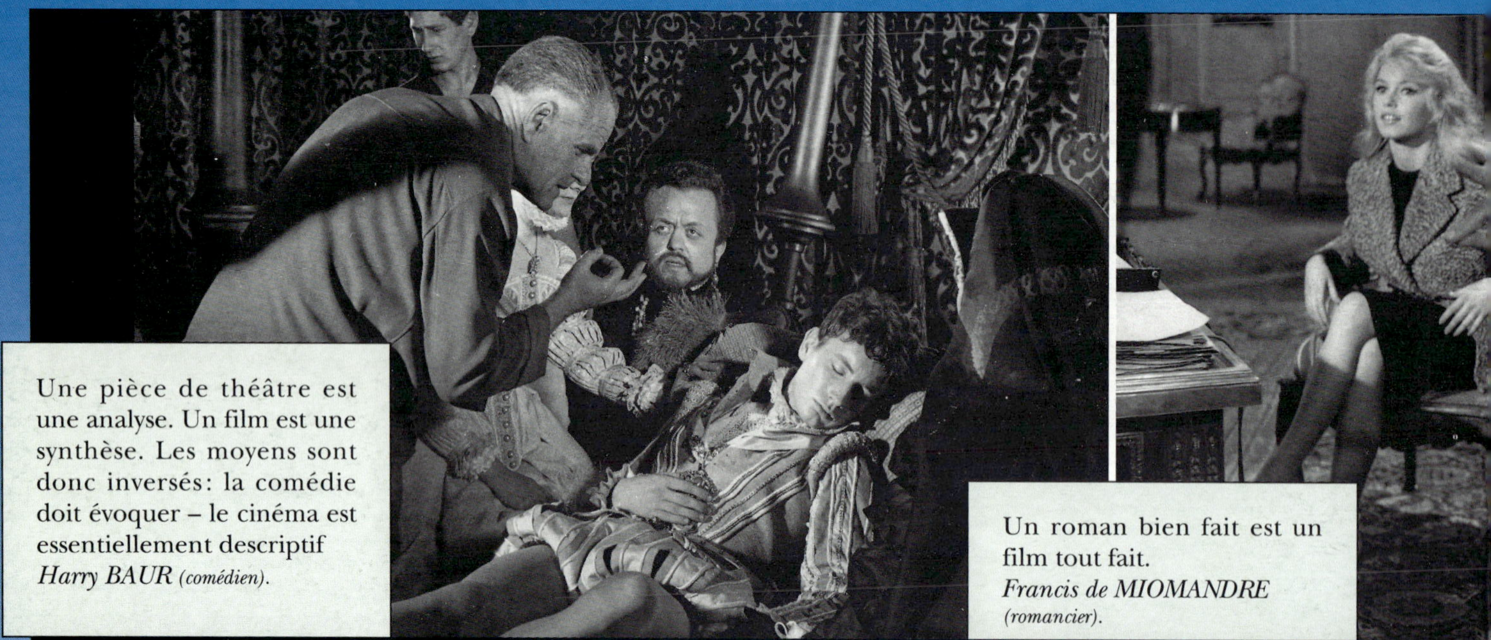

Une pièce de théâtre est une analyse. Un film est une synthèse. Les moyens sont donc inversés: la comédie doit évoquer – le cinéma est essentiellement descriptif
Harry BAUR (comédien).

Un roman bien fait est un film tout fait.
Francis de MIOMANDRE (romancier).

Scènes de tournage: LA PRINCESSE DE CLÈVES: Jean Delannoy, Piéral et Alain Féral. **EN CAS DE MALHEUR:**

Dans tout travail d'adaptation vous mettez forcément une partie de vous même,... il faut savoir la doser.
Jean AURENCHE (scénariste).

Scènes de tournage: LES MISÉRABLES: Raymond Bernard et Harry Baur. **L'OURS:**

Une histoire, une pièce de théâtre ou un meurtre relaté dans les journaux peuvent être d'excellents tremplins mais rien de plus. La création réelle réside dans le travail du metteur en scène.
Jean RENOIR (auteur-réalisateur).

NANA: Henri Jeanson (scénariste) et Christian-Jaque.

Un auteur qui donne son scénario à un metteur en scène est un homme qui caresse une femme mais qui la laisse faire l'amour avec quelqu'un d'autre. Un auteur-réalisateur est un homme qui va au bout de sa passion.
Francis VEBER (auteur-réalisateur).

Derrière l'écran, l'auteur a totalement disparu, quel soulagement!
Paul CLAUDEL (écrivain).

Brigitte Bardot et Claude Autant Lara.

CYRANO DE BERGERAC.

Jean-Jacques Annaud derrière la caméra.

L'auteur est un mal nécessaire.
Irving THALBERG (producteur).

BELLE DE JOUR: Luis Buñuel et Catherine Deneuve.

URANUS: Gérard Depardieu et Claude Berri.

Je ne pense pas que le cinéma ait besoin de la littérature... C'est un art en lui-même qui n'a pas besoin d'être la transposition d'un autre genre. Dans le meilleur des cas cela sera toujours et seulement qu'une illustration.
Federico FELLINI (auteur réalisateur).

Robert BRESSON

LES DAMES DU BOIS DE BOULOGNE

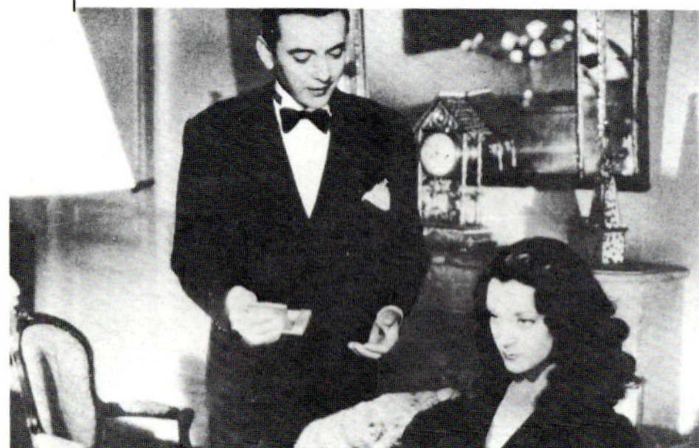

Hélène découvre que Jean ne l'aime plus.

En adaptant un des chapitres de l'œuvre de Diderot, Bresson transforma légèrement cette aventure licencieuse en peinture de mœurs, et filma une œuvre austère se déroulant entre des murs nus et blancs. Le film fut un échec total tant public que critique. Aujourd'hui il a la place qu'il mérite dans l'histoire du cinéma. C'est un film dont Jacques Becker soulignait la radicale nouveauté. Bresson y avait utilisé éclairage, costumes et décors pour créer des sortilèges esthétiques et rendre le film « tragique »... Depuis, Bresson, qui est allé beaucoup plus loin dans sa conception du cinématographe, l'a plus ou moins renié.

Cocteau disait de lui : « Bresson est à part dans ce métier terrible. Il s'exprime cinématographiquement comme un poète par sa plume. C'est un film d'intimité tragique dans un ton légèrement fleuri, inhabituel au cinéma, un film de visages. » Dans « Autour des Dames du Bois de Boulogne », (Julliard-Séquana, 1945), Paul Guth raconte le tournage du film.

L'HISTOIRE

Hélène, une jeune veuve, sent que l'amour de son amant Jean lui échappe. Pour vérifier ses soupçons, elle feint elle-même de lui avouer son indifférence. Jean lui avoue alors qu'il ne tient plus à elle. Ils se quittent. Hélène ne songe plus qu'à se venger. Elle s'arrange pour que Jean rencontre par hasard au bois de Boulogne une danseuse, Agnès, fille de l'une de ses anciennes relations ruinées. Pour survivre et faire vivre sa mère, Agnès accepte de temps en temps les hommages des hommes. Hélène s'arrange pour favoriser des rencontres de plus en plus fréquentes. Agnès manque de faire échouer le projet d'Hélène : elle donne à Jean une lettre où elle lui avoue le métier qu'elle a exercé. Mais Jean refuse de la lire. Agnès accepte d'épouser Jean, qu'elle aime. A l'issue de la cérémonie, Hélène révèle la vérité à Jean : sa femme n'était qu'une grue. Jean s'enfuit... puis pardonne à Agnès, entre-temps victime d'une crise cardiaque : il lui demande de lutter contre la mort.

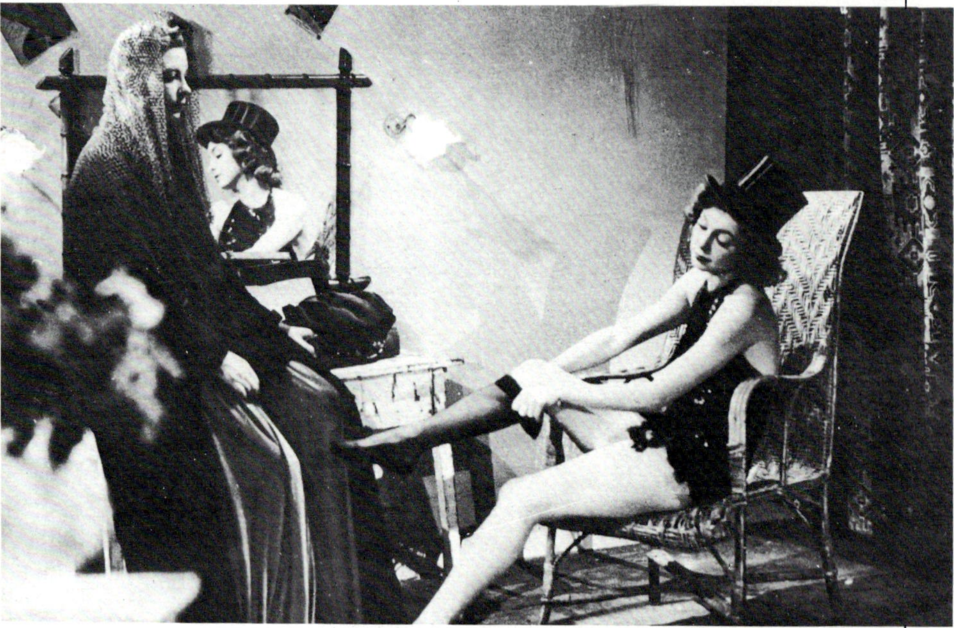

Avec la complicité de sa mère (**Lucienne Bogaert**), Agnès est devenue une demi-mondaine.

Jean (**Paul Bernard**) pardonnera-t-il à Agnès (**Elina Labourdette**) ?

Hélène (**Maria Casarès**) avoue la vérité à Jean.

FICHE TECHNIQUE

Réalisation, scénario et adaptation : **Robert BRESSON**
D'après « Jacques le Fataliste et son maître » de : **Denis DIDEROT**
Dialogues : **Jean COCTEAU**
Directeur de la photographie : **Philippe AGOSTINI**
Musique : **Jean-Jacques GRUNENWALD**
Décors : **Max DOUY**
Costumes : **GRES et SCHIAPARELLI**
Production : **Films Raoul Ploquin**
Distribution : **Consortium du Film**
Durée : **96 minutes (à l'origine)**
84 minutes (actuellement)

INTERPRETATION

Maria CASARÈS : Hélène
Paul BERNARD : Jean
Elina LABOURDETTE : Agnès
Lucienne BOGAERT : Mme D.
Jean MARCHAT : Jacques
Yvette ETIÉVANT : La femme de chambre
Et Marcel ROUZÉ, Bernard LAJARRIGE, Lucy LANCY, Nicole REGNAULT, Emma LYONNEL, Marguerite de MORLAYE et le chien Katsou.

1977

Claude GORETTA

LA DENTELLIÈRE

Déjeuner en amoureux.

L'HISTOIRE

Pomme, 19 ans, fait son apprentissage dans un salon de coiffure. C'est encore une enfant. Discrète, gracieuse, silencieuse, Pomme ne dérange personne. Marylène, la blonde provoquante du salon, décide de la « prendre en main ». Elle entraîne Pomme avec elle en convalescence de cœur à Cabourg, où elle ne tarde pas à trouver un monsieur aux tempes grises. Alors qu'elle trompe sa solitude dans une pâtisserie, Pomme rencontre François, étudiant fougueusement cultivé et terriblement timide. Pomme intrigue François, qui se met en devoir de l'épater. La naïveté, l'inexpérience et la timidité les rapprochent, alors que tout les oppose par ailleurs. Les vacances s'achèvent. Ils rentrent à Paris où ils vivent ensemble. François la présente à ses amis et à ses parents, mais sa mère, d'un mot, lui fait comprendre que chacun doit rester dans son milieu... La rupture est inévitable. Pomme ne fera pas d'histoires. Sa souffrance, elle la vit, comme le reste, en silence. Mais elle ne peut se nourrir. L'aventure se terminera pour elle dans un hôpital psychiatrique. Quelques mois plus tard, François, apprenant sa maladie, vient la voir. Là, il comprendra que la vie de Pomme s'est arrêtée le jour où il l'a quittée. Pomme et François se séparent cette fois pour toujours. Il retourne vers ses examens, sa vie. Pomme retourne à son ouvrage, car son traitement comporte de menus travaux, comme faire de la dentelle.

Sur une falaise normande, Pomme (**Isabelle Huppert**) et François (**Yves Beneyton**) jouent à l'aveugle.

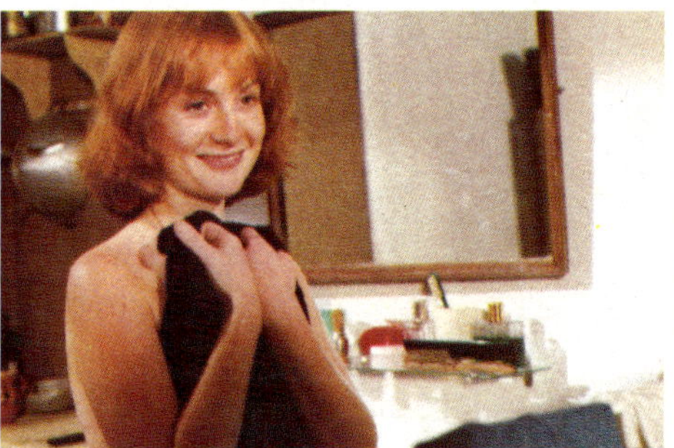

Pomme découvre l'amour.

Le film est en premier lieu l'extraordinaire rencontre d'une actrice avec un personnage de roman (Prix Goncourt 1974). En effet, la description physique de Pomme telle que l'a imaginé le romancier correspondait trait pour trait à celui d'Isabelle Huppert, qui précisait : « J'ai eu un choc en lisant le récit de Pascal Lainé : parce que le personnage de Pomme, la coiffeuse, correspond à un aspect de ma personnalité, c'est une fille simple et résignée, poreuse et attentive ». Lainé avoua : « Elle m'a bel et bien pris mon personnage l'Isabelle Huppert. C'est à elle maintenant. Bien à elle, et ma dentellière aura toujours son visage, même pour moi. » (« Le Point », 16 mai 1977).

Pomme a pour amie Marylène (**Florence Giorgetti**).

Réalisation, scénario, adaptation et dialogues : **Claude GORETTA**
Co-scénariste, d'après son roman : **Pascal LAINÉ**
Directeur de la photographie : **Jean BOFFETY**
Musique : **Pierre JANSEN**
Décors : **Serge ETTER**
Production : **Yves GASSER - Citel Films (Genève)/Action Films/FR3 (Paris)/ Film Produktion Janus (Frankfort)**
Distribution : **Gaumont**
FRANCE - SUISSE - R.F.A.
Durée : **108 minutes**

FICHE TECHNIQUE

Abandonnée, Pomme sombre dans la dépression.

Isabelle HUPPERT : Béatrice, dite Pomme
Yves BENEYTON : François
Florence GIORGETTI : Marylène
Anne-Marie DURINGER : La mère de Pomme
Renata SCHROETER : L'amie de François
Michel de RÉ : L'artiste peintre
Monique CHAUMETTE : La mère de François
Jean OBÉ : Le père de François
Sabine AZÉMA : Une étudiante
Et les voix de : **Anne DELEUZE, Rosine ROCHETTE**

INTERPRETATION

1979

Daniel DUVAL

LA DÉROBADE

Marie (**Miou-Miou**) a trouvé en Maloup (**Maria Schneider**) une compagne d'infortune.

Séduite par Gérard (**Daniel Duval**), un souteneur, Marie a sombré dans la prostitution.

L'HISTOIRE

Marie, dix-neuf ans, est vendeuse chez un marchand de chaussures. Un jour, dans le café que fréquente son père, elle fait la connaissance de Gérard, un souteneur dont le physique, les costumes et la voiture américaine la fascinent. Séduite, Marie résiste au séducteur car elle a une sœur prostituée et sait ce qui l'attend. Mais elle finit par succomber au charme de Gégé et accepte de travailler pour lui dans une « maison » dirigée par Madame Pedro. Elle y attire beaucoup de clients...

Marie se lie avec une autre prostituée, Maloup, pour laquelle elle éprouve une amicale tendresse. Lors d'une rafle, la jeune fille est arrêtée : désormais elle est fichée dans les dossiers de la police... Gérard se montre toujours plus exigeant, la frappe. Marie se rebiffe et se « met à son compte », avec Maloup, dans un petit studio. Mais Gégé la reprend sous sa coupe et lui impose les « hauts rendements » de la rue Saint-Denis.

C'en est trop pour Marie qui décide d'arrêter. Le « milieu » lui impose, pour se libérer, de verser à Gérard la totalité de ses « recettes » pendant un an. L'année écoulée, Marie, enfin libre, ira trouver la police pour lui demander de la faire disparaître des fichiers.

C'est après avoir lu le best-seller autobiographique de Jeanne Cordelier que Miou-Miou alla trouver Benjamin Simon, le producteur du film, lui demandant d'en être l'héroïne et c'est ensemble qu'ils choisirent Daniel Duval pour réaliser le film. Lorsque LA DÉROBADE fut en préparation, Daniel Duval ne pensait pas tenir le rôle de « Gégé », mais cela lui permit de mieux contrôler les choses. C'est dans un quartier de Belleville, rue de Tourtille, que Daniel Duval situa « la rue spéciale dans laquelle évoluent les prostituées ». Un immeuble délabré fut transformé en « 45 », l'hôtel de passe où Marie et Maloup connaissent le fond de la déchéance. Miou-Miou, lors d'un entretien avec Monique Pantel, déclara : « Comme elle, je suis une optimiste, une enthousiaste, une sensuelle. Oui, je lui ressemble. Je la comprends. A la fin du film, elle s'en sort comme je m'en serais sûrement sortie si les mêmes aventures m'étaient arrivées. Ce qu'il y a de formidable dans ce film, c'est qu'on est lié par la même chaleur. Daniel Duval est un fonceur. Alors, on y va, on fonce. Je joue de la façon qu'il espérait. Le cœur et le corps à nu. Car il ne faut pas être hypocrite. »

Le César de la meilleure actrice fut décerné à Miou-Miou pour son rôle de Marie.

FICHE TECHNIQUE

Réalisation et adaptation : **Daniel DUVAL**
Scénario : **Christopher FRANK**
Adaptation : **Jeanne CORDELIER, Christopher FRANK**
D'après le roman de : **Jeanne CORDELIER**
Directeur de la photographie : **Michel CENET**
Musique : **Vladimir COSMA**
Décors : **François CHANUT**
Costumes : **Corinne JORRY**
Production : **Benjamin SIMON-ATC 3000/SN Prodis**
Distribution : **SN Prodis**
Durée : **120 minutes**

INTERPRETATION

MIOU-MIOU : Marie
Maria SCHNEIDER : Maloup
Daniel DUVAL : Gérard, dit Gégé
Niels ARESTRUP : André
Brigitte ARIEL : Odette
Jean BENGUIGUI : Jean-Jean
Martine FERRIÈRE : Mme Pedro
Marie PILLET : Lulu
Régis PORTE : François

1938

CHRISTIAN-JAQUE

LES DISPARUS DE SAINT-AGIL

Les trois « Chiche-Capons » : Macroy (**Mouloudji**), Beaume (**Serge Grave**) et Sorgue (**Jean Claudio**).

Pierre Véry fut l'un de nos meilleurs auteurs de roman policier : après LES DISPARUS DE SAINT-AGIL, furent tournés : L'ASSASSINAT DU PÈRE NOËL (Christian-Jaque, 1941), L'ASSASSIN A PEUR DE LA NUIT (Jean Delannoy, 1942), MADAME ET LE MORT (Louis Daquin, 1943), GOUPI MAINS ROUGES (Jacques Becker, 1943), LE PAYS SANS ÉTOILES (Georges Lacombe, 1946). Il fut aussi le scénariste et l'adaptateur de L'ENFER DES ANGES (Christian-Jaque, 1940), MARTIN ROUMAGNAC (1946), LA CHARTREUSE DE PARME (1948), CARREFOUR DES PASSIONS (1948), LE PARADIS DES PILOTES PERDUS (1949), SUZANNE ET SES BRIGANDS (1949), SINGOALLA (1950), LES ANCIENS DE SAINT-LOUP (1950), SOUVENIRS PERDUS (1950), UN GRAND PATRON (1951), LE GUÉRISSEUR (1954).

A noter que si l'adaptation et les dialogues sont signés de J. H. Blanchon, Jacques Prévert, non crédité au générique, en est responsable en grande partie.

Des trois jeunes comédiens, l'un, Serge Grave, est devenu réalisateur à la Télévision, l'autre, Mouloudji, en était à son quatrième film : il avait débuté dans JENNY deux ans auparavant, il est aujourd'hui comédien, romancier (« Enrico »), poète, peintre, chanteur... Jean Claudio poursuivit, après ce film, la carrière qu'il avait commencée, tout enfant, à la Comédie Française.

L'HISTOIRE

Au collège de Saint-Agil, trois élèves, Beaume, Sorgue et Macroy ont créé une association secrète — les « Chiche-Capons » — pour préparer leur départ en Amérique. Un soir, Sorgue, qui était resté dans la salle de sciences naturelles, voit un homme qui semble traverser le mur. Envoyé chez le directeur à la suite d'un chahut, il disparaît. Peu après, c'est le tour de Macroy. Quelque temps plus tard, le professeur de dessin, Lemel, passe par-dessus la rampe de l'escalier après une violente dispute avec son collègue Walter. Beaume décide d'élucider les mystères et il découvre bientôt le lieu où Sorgue est retenu prisonnier. Avec ses camarades, il le délivre et, grâce à Walter, constate que « l'homme invisible » fait partie d'une bande de faux monnayeurs dirigée par Boisse, le directeur de Saint-Agil. Macroy reparaît après l'arrestation des bandits : il a été attrapé par les gendarmes alors qu'il essayait de se faufiler sur un bateau en partance pour l'Amérique...

Lemel (**Michel Simon**), professeur de dessin.

Walter (**Erich von Stroheim**), face à Sorgue, est-il aussi sévère qu'il en a l'air ?

Beaume aperçoit « l'homme invisible »... (**Robert Le Vigan**).

FICHE TECHNIQUE

Réalisation : **CHRISTIAN-JAQUE**
Adaptation et dialogues : **Jean-Henri BLANCHON, Jacques PRÉVERT (non crédité)**
D'après le roman de : **Pierre VÉRY**
Directeur de la photographie : **Marcel LUCIEN**
Musique : **Henri VERDUN**
Décors : **Pierre SCHILD**
Production : **Dimeco Productions**
Durée : **90 minutes**

INTERPRETATION

Erich von STROHEIM : Walter
Armand BERNARD : Mazeau
Robert LE VIGAN : César, « l'homme invisible »
Marcel MOULOUDJI : Philippe Macroy
Michel SIMON : Lemel
Aimé CLARIOND : Boisse, le directeur
Serge GRAVE : André Beaume
Jean CLAUDIO : Matthieu Sorgue
René GÉNIN : Donadieu
Jean BUQUET : « La mouche »
Pierre LABRY : Bernardin
Robert OZANNE : L'infirmier

1981

Jean-Jacques BEINEIX

DIVA

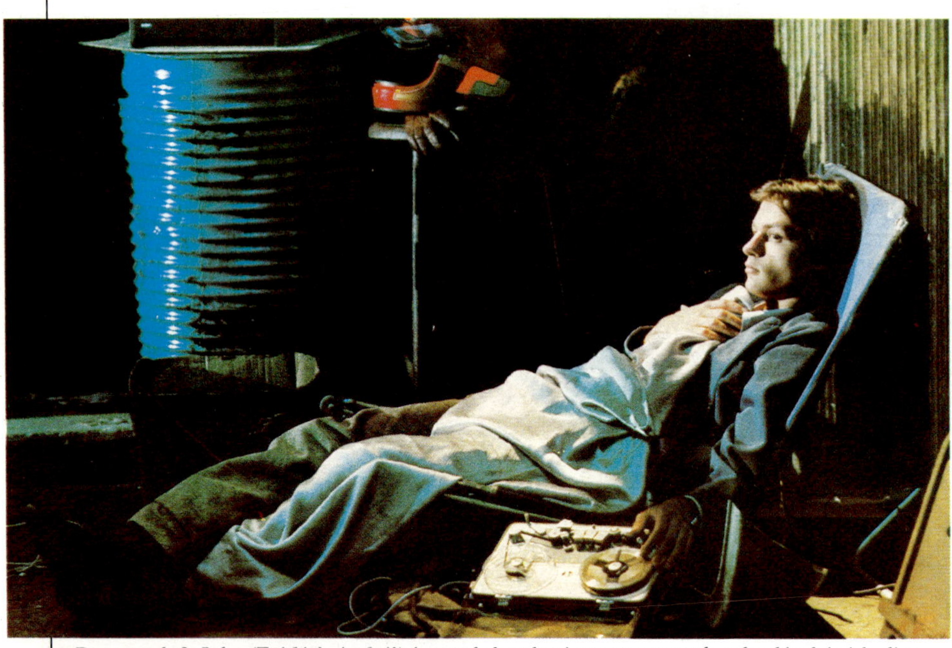

Dans son loft, Jules **(Frédéric Andréi)** écoute la bande pirate en serrant la robe dérobée à la diva.

Jules et Alba **(Thuy An Luu).**

Il s'agit du premier film de Jean-Jacques Beineix (assistant réalisateur pendant une dizaine d'années), dont le sujet lui fut proposé par Irène Silberman, la productrice de A NOUS LES PETITES ANGLAISES. DIVA est à la fois un film de commande et un film d'auteur. Il faut pourtant signaler que le budget du film atteignit les 7,5 millions de francs. DIVA bénéficia d'une sortie très large (près de vingt salles sur Paris et la périphérie), mais sa carrière faillit être compromise par suite d'une première semaine catastrophique et une mauvaise presse. DIVA — qui révéla Richard Bohringer — obtint les Césars des meilleurs photographie, musique, son et première œuvre.

« Le curé » et « l'Antillais » rencontrent Gorodish **(Richard Bohringer).**

Cynthia Hawkins **(Wilhelminia Wiggins Fernandez).**

L'HISTOIRE

Jules, jeune postier passionné d'opéra, voue une admiration sans bornes à la grande chanteuse Cynthia Hawkins. Il fait un enregistrement pirate d'un de ses concerts et vole une de ses robes. Deux Asiatiques de Ceylan, également présents et désireux de presser les premiers le disque que Cynthia Hawkins s'est toujours refusé à réaliser, vont chercher à récupérer cette bande. Peu avant d'être tuée devant la gare Saint-Lazare, une jeune femme, Nadia, a glissé dans la sacoche de la mobylette de Jules, une cassette compromettant le commissaire Saporta, qui est le chef d'un réseau de prostituées.

Jules fait la connaissance d'Alba, une jeune Asiatique, à laquelle il a confié la bande magnétique pour la faire écouter à son ami Gorodish. Jules rapporte à Cynthia la robe qu'il lui avait volée lors du concert. Celle-ci l'accueille avec réserve, puis l'amitié naît d'une complicité spirituelle. Lorsqu'il découvre que Cynthia fait l'objet d'un chantage de la part des Asiatiques, Jules quitte l'hôtel de la chanteuse afin de récupérer la bande. Pris en chasse par la police « officielle » de Saporta, il se réfugie au domicile d'une prostituée noire et découvre le contenu de la cassette, à laquelle il n'avait jamais prêté attention et, par la même occasion, la raison des filatures dont il est l'objet. Retrouvé par les deux tueurs de Saporta — « l'Antillais » et « le curé » — Jules, blessé, appelle Gorodish à son secours. Celui-ci survient à temps pour le sauver et l'emmène se reposer en Normandie. En possession du document sonore, Gorodish fixe un rendez-vous à Saporta afin de le lui échanger contre des lingots d'or. Survenus à la fin du marché, les Asiatiques tombent dans le piège tendu à Gorodish par Saporta : ils meurent dans l'explosion d'une voiture piégée. A nouveau menacé par Saporta et ses tueurs, Jules sera sauvé par l'arrivée inopinée de Gorodish. Il rapporte la bande à Cynthia qui, pour la première fois, découvre avec émotion le son de sa voix.

Réalisation, scénario et dialogues : **Jean-Jacques BEINEIX**
Co-scénariste : **Jean Van HAMME**
D'après le roman de : **DELACORTA**
Directeur de la photo : **Philippe ROUSSELOT**
Décors : **Hilton McCONNICO**
Musique : **Vladimir COSMA**
Production : **Irène SILBERMAN - Films Galaxie/Greenwich Film /A 2**
Distribution : **GEF-CCFC**
Durée : **115 minutes**

FICHE TECHNIQUE

Wilhelminia WIGGINS FERNANDEZ : Cynthia Hawkins
Frédéric ANDREI : Jules
Richard BOHRINGER : Gorodish
Thuy An LUU : Alba
Jacques FABBRI : Le commissaire Jean Saporta
Chantal DERUAZ : Nadia
Anny ROMAND : Paula
Roland BERTIN : Weinstadt
Gérard DARMON : « L'Antillais »
Dominique PINON : « Le curé »
Jean-Jacques MOREAU : Krantz
Patrick FLOERSHEIM : Zatopek

INTERPRETATION

1970

Michel DRACH

ELISE OU LA VRAIE VIE

Exaspéré par un contremaître (**Pierre Maguelon**), Arezki (**Mohamed Chouikh**) va le frapper et ainsi perdre son emploi.

Élise et Arezki tentent de vivre leur amour.

L'HISTOIRE

Frère et sœur, Lucien et Élise vivent à Bordeaux, en 1957, une vie confinée, irrespirable. Le jeune homme a le courage de s'arracher à cette torpeur, de quitter sa maison, sa femme, son enfant pour aller à Paris à la recherche d'une vie plus exaltante. Les mois passent. Élise se décide à aller retrouver son frère. Elle le revoit fatigué, malade ; il travaille à l'usine et soutient activement le F.L.N. Démunie, Élise doit travailler elle aussi. Elle connaît à son tour l'usine, découvre les conditions de travail des ouvriers, se révolte en face du racisme haineux qui divise les Français et les Algériens. Or, l'un d'eux, Arezki, travaille toute la journée auprès d'Élise. Peu à peu, ils se rapprochent et leur amour naît, grandit, en dépit des commentaires malveillants, des réflexions ironiques, des injures, et se heurte aux tracas de la vie quotidienne, à la recherche d'une chambre convenable, aux humiliations de la police. Tout à coup les événements se précipitent ; Lucien meurt, épuisé ; exaspéré par un contremaître, Arezki le frappe et perd aussitôt sa place. Une rafle le happe, il ne reviendra plus. Que peut faire Élise sinon repartir pour sa ville natale ? Elle abandonne Paris, mais s'accroche au souvenir d'Arezki. Une lettre qu'elle confie à son meilleur ami lui parviendra peut-être un jour...

Il fallut quatre ans pour que le film puisse apparaître sur les écrans, la censure se montrant sourcilleuse à l'excès. Le tournage fut lui-même souvent entravé et Drach finit par être son propre producteur, bénéficiant toutefois d'une avance sur recettes et de la participation de l'Algérie à la production. Le tournage eut lieu pendant une semaine dans une usine Renault près d'Alger, car aussi bien Renault que Citroën avaient refusé qu'on filme dans leurs murs en France. Le roman de Claire Etcherelli avait pourtant remporté le prix Femina en 1967.

Drach, venu de la télévision et du court métrage, obtint le prix Louis-Delluc en 1959 pour ON N'ENTERRE PAS LE DIMANCHE qui peignait déjà la solitude d'un Noir dans la grande ville. Pour ne parler que des films qui lui tenaient à cœur, LES VIOLONS DU BAL valurent à Marie-José Nat un prix d'interprétation à Cannes en 1974, et LE PULL-OVER ROUGE témoignait encore en 1979 de l'inépuisable générosité du réalisateur. Michel Drach, né en 1930, est mort en 1989.

Un couple en butte au racisme.

Élise (**Marie-José Nat**).

Réalisation, scénario et production : **Michel DRACH**
Co-scénariste : **Claude LANZMANN**
D'après le roman de : **Claire ETCHERELLI**
Directeur de la photographie : **Claude ZIDI**
Production : **Port-Royal Films (Paris)/ O.N.C.I.C. (Algérie)**
FRANCE - ALGÉRIE. Durée : **105 minutes**

FICHE TECHNIQUE

Marie-José NAT : Élise
Mohamed CHOUIKH : Arezki
Bernadette LAFONT : Anna
Jean-Pierre BISSON : Lucien
Catherine ALLÉGRET : Didi
Jean-Louis COMOLLI : Henri
Alice REICHEN : La grand-mère
Jean-Pierre DARRAS : Le commissaire
Martine CHEVALIER : La belle-sœur
Mustapha CHADLY : Mustapha
Andrée CHAMPEAUX : L'infirmière
Pierre MAGUELON : Le contremaître

INTERPRETATION

1974

Just JAECKIN

EMMANUELLE

Le producteur Yves Rousset-Rouard voulait travailler avec un jeune metteur en scène, il soumit le projet à Just Jaeckin, photographe, qui fut enthousiasmé à l'idée de réaliser son premier long métrage. La sélection de l'héroïne se fit sur audition. Le choix se porta sur une comédienne qui jouait les seconds rôles aux Pays-Bas. EMMANUELLE passa en commission de contrôle au printemps 1974, celle-ci recommanda l'interdiction du film si quelques coupes n'étaient pas concédées par le réalisateur. Cette décision fut rapportée en trois ou quatre lignes dans les journaux qui annonçaient la mort de Georges Pompidou. Peu après, Valéry Giscard d'Estaing était élu, il nommait Michel Guy secrétaire d'État à la Culture. Emmanuelle passait une seconde fois en commission, le visa fut enfin accordé, et le film battait tous les records de recettes d'un film français, deux millions d'entrées à Paris, cent cinquante millions dans le monde. Ce succès suscita la réalisation d'un EMMANUELLE 2, L'ANTI-VIERGE (Francis Giacobetti, 1978) qui fut classé dans la catégorie X, des films à caractère pornographique, incitant le producteur à publier sous forme de pamphlet contre la censure, le dossier de cette affaire. Il y eut ensuite GOOD BYE EMMANUELLE, de François Leterrier (1978), EMMANUELLE 4, de Francis Leroi (1984), où Mia Nygren succédait à Sylvia Kristel ; EMMANUELLE 5 de Walerian Borowezyk (1987) avec Monique Gabrielle, et EMMANUELLE 6, de Bruno Zincone (1988), avec Nathalie Uher.

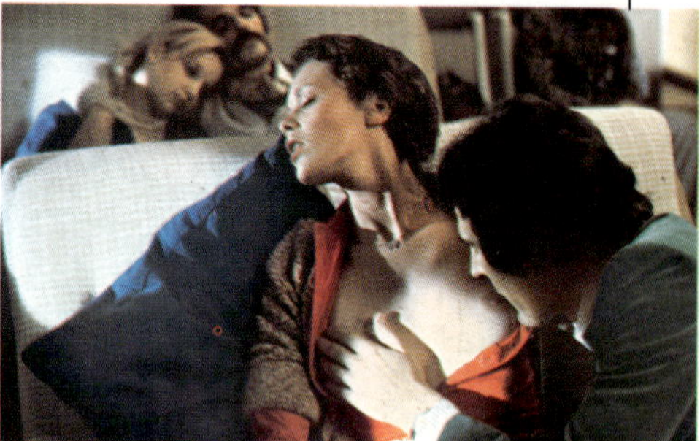

Emmanuelle découvre l'amour en avion.

L'HISTOIRE

Emmanuelle a vingt ans; elle va rejoindre son mari Jean, qui est diplomate à Bangkok. Ce jeune couple professe la liberté réciproque. Lors du voyage, la jeune femme se donne successivement à deux passagers de l'avion.

Lorsqu'elle arrive à Bangkok, Emmanuelle fait la connaissance d'un monde frivole et perverti. Elle ne voit que de jeunes femmes européennes désœuvrées, occupant leurs journées entre les bains à la piscine et la galanterie.

La jeune femme découvrira certains plaisirs cachés auprès de Marie-Ange et de Bee, alors que son mari veut la pousser dans les bras de Mario, quinquagénaire désaxé, réputé pour ses raffinements érotiques. Emmanuelle s'enfuira avec Bee, qui la décevra. Elle reviendra et acceptera les leçons de Mario, qui l'initiera au plaisir sous diverses formes, plaisir d'amour aussi bien que plaisir du corps pour le corps. Emmanuelle apprendra « à choisir, par elle et pour elle » sa façon de vivre, ses lois, ses désirs et ses passions.

Mario (**Alain Cuny**) offre Emmanuelle au vainqueur d'un combat de boxe thaïlandaise.

Emmanuelle (**Sylvia Kristel**).

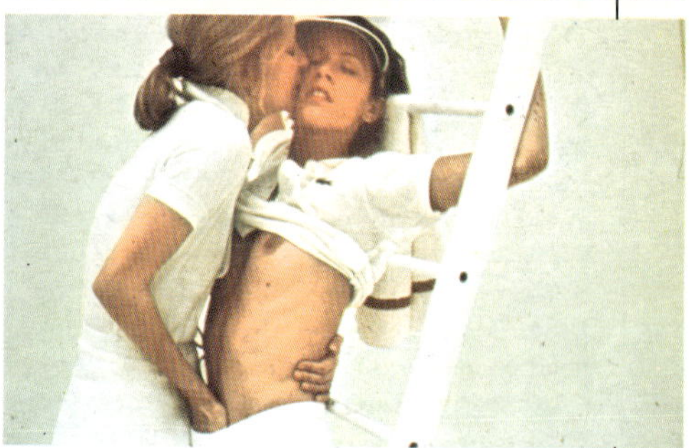

Bee (**Marika Green**) et Emmanuelle.

Réalisation : **Just JAECKIN**
Scénario : **Jean-Louis RICHARD**
D'après le roman de : **Emmanuelle ARSAN**
Directeur de la photographie : **Richard SUZUKI**
Musique : **Pierre BACHELET**
Paroles de la chanson : **Serge GAINSBOURG**
Décors : **Baptiste POIROT**
Production : **Yves ROUSSET-ROUARD**
Distribution : **Parafrance**
FRANCE. Durée : **90 minutes**

FICHE TECHNIQUE

Sylvia KRISTEL : Emmanuelle
Alain CUNY : Mario
Marika GREEN : Bee
Daniel SARKY : Jean
Jeanne COLLETIN : Ariane
Christine BOISSON : Marie-Ange
SAMANTHA : La fille de la réception

INTERPRETATION

1958

Claude AUTANT-LARA

EN CAS DE MALHEUR

L'HISTOIRE

En avril 1957 à Paris. Yvette Maudet cambriole une petite bijouterie avec sa copine Noémie. Le hold-up échoue. Elles se sauvent, non sans avoir assommé la bijoutière. Yvette se présente chez Maître André Gobillot, avocat respectable et renommé, afin de lui demander de la défendre et lui propose ses charmes pour tout paiement. Au prix d'un faux témoignage, il obtient l'acquittement des inculpées mais l'avocat de la bijoutière décide d'en appeler au Conseil de l'Ordre. Viviane, l'épouse de Gobillot, qui a compris les vraies raisons de son mari, le conduit elle-même à la porte de l'hôtel où loge Yvette. Gobillot l'installe peu après dans un appartement où elle reçoit à son insu son amant de cœur, Mazetti, qui supporte si mal cette situation qu'un jour il saccage les toilettes payées par l'avocat. Pour l'arracher à Mazetti, Gobillot lui loue un hôtel particulier. L'avocat ne vit que pour sa passion, mais sa situation est des plus mauvaises devant le Conseil de l'Ordre ; de plus, sa femme se retourne contre lui. Avant de partir pour Mégève, Yvette revoit Mazetti et lui annonce son désir de rompre définitivement avec lui. Celui-ci la poignarde. L'avocat, qui l'a fait rechercher par la police, la retrouvera, morte, dans la mansarde de son amant.

Yvette Maudet (**Brigitte Bardot**) s'offre à Maître Gobillot (**Jean Gabin**) pour qu'il la défende.

Viviane Gobillot (**Edwige Feuillère**).

Yvette et Noémie (**Annick Allières**).

Un roman de Georges Simenon, une adaptation de Pierre Bost et Jean Aurenche, une mise en scène signée Claude Autant-Lara, font qu'EN CAS DE MALHEUR représente le type même du film français de qualité avant l'avènement de la Nouvelle Vague. Opposée à Jean Gabin, bourgeois en proie au démon de midi, Brigitte Bardot reste fidèle à son personnage de symbole sexuel qui la caractérise depuis son triomphe dans ET DIEU CRÉA LA FEMME. « Je suis, dit-elle, une petite femelle et il faut me laisser faire ce que je veux ». Les scènes où elle s'offre à Gobillot, en relevant sa jupe et où elle se promène nue, firent scandale à l'époque. Quant au jeune amant de Bardot, c'est Franco Interlenghi, le héros de SCIUSCIA et de I VITELLONI. Jean-Pierre Cassel fait ici l'une de ses premières apparitions au cinéma, il tient le rôle du trompettiste.

Mazetti (**Franco Interlenghi**) tuera Yvette.

Réalisation : **Claude AUTANT-LARA**
Scénario et dialogues :
Jean AURENCHE, Pierre BOST
D'après le roman de : **Georges SIMENON**
Directeur de la photographie :
Jacques NATTEAU
Musique : **René CLOEREC**
Décors : **Max DOUY**
Production : **Raoul J. LEVY - U.C.I.L./Iéna/C.E.I. (Paris)/Incom (Rome)**
Distribution : **Cinedis**
FRANCE - ITALIE. Durée : **120 minutes**

FICHE TECHNIQUE

Jean GABIN : Maître André Gobillot
Brigitte BARDOT : Yvette Maudet
Edwige FEUILLÈRE : Viviane Godillot
Nicole BERGER : Janine
Franco INTERLENGHI : Mazetti
Julien BERTHEAU : Le commissaire
Jacques CLANCY : Duret
Annick ALLIÈRES : Noémie
Albert MICHEL : Eugène, le patron du bazar
Gabrielle FONTAN : Mme Langlois
Madeleine BARBULÉE : Bordenave
Mathilde CASADESUS : Anna
Albert RÉMY : Le commissaire à la préfecture
Hubert de LAPPARENT :
L'avocat de la bijoutière

INTERPRETATION

1983

Jean BECKER

L'ÉTÉ MEURTRIER

Le mariage d'Éliane (**Isabelle Adjani**) et de « Pin Pon » (**Alain Souchon**) fait partie du plan de la jeune fille.

L'HISTOIRE

On le surnomme « Pin Pon » parce que, dans les cas d'urgence, il se transforme en pompier dans ce petit village provençal où il vit ; en réalité, il est mécanicien dans un garage. Il habite la grande maison familiale, avec sa mère, sa tante Cognata et ses deux frères cadets, Mickey et Boubou. Un beau jour, Pin Pon remarque une fille superbement sexy, Éliane, qui vient s'installer dans le village avec ses parents : son père Gabriel, un paralytique, et sa mère, surnommée « Eva Braun » parce qu'elle est allemande.

Bien qu'elle aguiche à peu près tous les garçons du village, Éliane, que tout le monde appelle familièrement « Elle », s'intéresse d'un peu plus près à « Pin Pon », et une romance va naître entre eux. Mais en vérité « Elle » poursuit un noir dessein de vengeance : sa mère a été violée vingt ans auparavant par trois hommes, dont l'un était probablement le père de « Pin Pon ». « Elle » veut donc venger sa mère et retrouver les deux hommes encore vivants (le père de « Pin Pon » est mort) : Leballech et Touret. Cette histoire a fait d'« Elle » une jeune fille très perturbée, oscillant constamment entre gaieté et crises de nerfs, d'autant plus qu'elle a aussi des choses à se reprocher vis-à-vis de Gabriel, qui n'est que son père d'adoption. Aussi trouve-t-elle une paix relative en épousant « Pin Pon » et en allant vivre chez lui. Mais elle va aller jusqu'au bout de son projet de vengeance : or, les hommes soupçonnés du viol de sa mère ne sont pas les vrais coupables ; mais il est trop tard : la machination est en marche, et « Elle » conduira « Pin Pon » à tuer ces deux hommes, tandis qu'elle-même finira ses jours dans une clinique psychiatrique.

Ce film a en fait une longue histoire puisque c'est dès 1979 que le réalisateur Jean Becker et l'auteur du scénario, Sébastien Japrisot, le proposent à Isabelle Adjani ; mais celle-ci décline l'offre et refuse le rôle principal, qui la gêne par son côté « trop physique et quasi-animal ». Le rôle d'Éliane est ainsi attribué à Valérie Kaprisky. Finalement, Adjani l'accepte en 1982 et fait même retarder le tournage de MORTELLE RANDONNÉE pour pouvoir participer à L'ÉTÉ MEURTRIER auparavant.

Jean Becker est le fils du cinéaste Jacques Becker (auteur notamment de CASQUE D'OR et du TROU). Après quatre films réalisés dans les années soixante (UN NOMMÉ LA ROCCA, ÉCHAPPEMENT LIBRE, TENDRE VOYOU et PAS DE CAVIAR POUR TANTE OLGA), il n'avait plus tourné depuis exactement seize ans, et s'était consacré au cinéma publicitaire. L'ÉTÉ MEURTRIER obtint les Césars des meilleurs scénario, montage, actrice (Isabelle Adjani) et second rôle féminin (Suzanne Flon).

Leballech (**Jean Gaven**) s'explique avec Éliane.

La mère de « Pin Pon » (**Jenny Clève**) et sa tante Cognata (**Suzanne Flon**).

La petite Éliane, sa mère (**Maria Machado**) et son beau-père (**Michel Galabru**).

FICHE TECHNIQUE

Réalisation : **Jean BECKER**
Scénario, adaptation et dialogues, d'après son roman : **Sébastien JAPRISOT**
Directeur de la photographie : **Étienne BECKER**
Musique : **Georges DELERUE**
Chanson interprétée par : **Yves MONTAND**
Décors : **Jean-Claude GALLOUIN**
Production : **S.N.C./C.A.P.A.C./TF1**
Distribution : **S.N.C.**
Durée : **130 minutes**

INTERPRETATION

Isabelle ADJANI : Éliane, dit « Elle »
Alain SOUCHON : Florimond Montefiori, dit « Pin Pon »
Michel GALABRU : Gabriel
Suzanne FLON : Cognata
Maria MACHADO : « Eva Braun », la mère d'Éliane
François CLUZET : Mickey
Manuel GÉLIN : Boubou
Jenny CLÈVE : La mère de « Pin Pon »
Jean GAVEN : Leballech
Max MOREL : Touret
Roger CAREL : « Henri IV »
Cécile VASSORT : Josette
Martin LAMOTTE : Georges Massigne
Evelyne DIDI : Calamité
Edith SCOB : La doctoresse

1963

Louis MALLE

LE FEU FOLLET

L'HISTOIRE

Alain Leroy a quitté New York pour subir une cure de désintoxication alcoolique dans une clinique de Versailles. Sa femme, Dorothy, est restée aux États-Unis. Son traitement vient de s'achever. Il est guéri mais éprouve un profond dégoût face à la vie qui ne lui procure plus aucun des plaisirs d'antan. Il rencontre Lydia, une très jolie femme qui souhaite le sauver. Mais Alain ne peut l'écouter et, après un ultime rendez-vous amoureux, la quitte. Il va vivre ses dernières quarante-huit heures.

Le docteur La Barbinais tente, sans succès, de le décider à renouer avec sa femme ; mais il se borne à envoyer un télégramme de rupture. Dans un bar où il s'enivre, là où jadis la vie n'était qu'une éternelle fête, il rencontre Dubourg, un ancien ami qui s'est embourgeoisé en se mariant. Alain refuse son soutien moral, agacé par son ton pontifiant.

Par l'intermédiaire de Jeanne, il est conduit auprès de ses anciens complices, aujourd'hui drogués. Il les fuit et se remet à boire. Dans une réception mondaine, chez Cyrille Lavaud, Alain fait la connaissance de Solange, qui écoute son appel au secours. Elle lui téléphone le lendemain matin. Alain est de nouveau indifférent à tout. Nous sommes le 23 juillet, date qu'il s'est fixé pour se tirer froidement un coup de revolver dans la tête.

Ayant définitivement perdu goût à la vie Alain Leroy (**Maurice Ronet**) finira par se suicider.

De l'avis de Louis Malle, ce film correspond à une période de sa vie où, venant d'atteindre la trentaine, il vivait surtout la nuit, une vie agitée, dans les boîtes et l'alcool. Il avait écrit un scénario plus ou moins autobiographique : la vie d'un adolescent, située dans la ville et dans la nuit, qui se tuait après une série de rencontres. Puis, Louis Malle se souvint du roman de Drieu la Rochelle qu'il avait lu quelques années auparavant. L'auteur s'était inspiré du sort de son ami, le poète Jacques Rigaud. C'est de ces deux sources d'inspiration que naquit LE FEU FOLLET.

Louis Malle avait pensé confier le rôle principal à un non-professionnel, mais les essais furent négatifs et il pensa à son ami Maurice Ronet auquel il fit perdre vingt kilos. LE FEU FOLLET marqua le début de sa collaboration avec Suzanne Baron qui lui permit d'approfondir l'aspect créatif du montage. Elle devait travailler à tous ses films, excepté LE VOLEUR.

Réalisation et scénario : **Louis MALLE**
Collaborateur à la mise en scène : **Philippe COLLIN**
D'après le roman de : **Pierre DRIEU LA ROCHELLE**
Directeur de la photographie : **Ghislain CLOQUET**
Musique : **Erik SATIE**
Décors : **Bernard EVEIN**
Production : **N.E.F.**
Distribution : **Paris-Lux**
Durée : **110 minutes**

Maurice RONET : Alain Leroy
Jeanne MOREAU : Jeanne
Bernard NOEL : Dubourg
Lena SKERLA : Lydia
Alexandra STEWART : Solange
Bernard TIPHAINE : Milou
Tony TAFFIN : Brancion
Jacques SEREYS : Cyrille Lavaud
Jean-Paul MOULINOT : Le docteur La Barbinais
Hubert DESCHAMPS : D'Averseau
Ursula KUBLER : Fanny
Yvonne CLECH : Mlle Farnoux
Pierre MONCORBIER : Moraire
René DUPUY : Charly
Alain MOTTET : Urcel

FICHE TECHNIQUE INTERPRETATION

1971

Gérard OURY

LA FOLIE DES GRANDEURS

Blaze (**Yves Montand**), valet de Don Salluste (**Louis de Funès**), doit se faire passer pour Don César.

Don Salluste est un véritable harpagon.

Gérard Oury, sa fille Danièle Thompson et Marcel Jullian s'inspirèrent librement du « Ruy Blas » de Victor Hugo pour écrire le scénario qui, à l'origine, s'intitulait « Les sombres héros ». C'est Bourvil qui devait interpréter Blaze et sa mort, le 23 septembre 1970, faillit faire avorter le projet. Mais Oury rencontra Montand : « J'avais conçu pour Bourvil un rôle de valet de comédie, du genre de Sganarelle. Montand sera plus proche de Scapin. »

Les prises de vues débutèrent en avril 1971, en Espagne, dans la région d'Almeria. Le tournage dura plus de quatre mois et coûta deux milliards de centimes, budget considérable à l'époque. Le film remporta un peu partout un énorme succès, en U.R.S.S. en particulier et jusqu'en Chine...

Blaze résiste à Doña Juana (**Alice Sapritch**).

La reine (**Karin Schubert**).

L'HISTOIRE

Don Salluste est un Grand d'Espagne, ministre de la Police et des Finances. Il lève l'impôt et se remplit les poches sauf lorsque son valet, le grand Blaze, fait un trou dans le fond de son carrosse par où s'échappent les pièces d'or ! Haï du peuple, Don Salluste l'est aussi de la reine, que Blaze aime en secret. Et lorsque la souveraine accuse son ministre d'avoir fait un enfant à une dame d'honneur, Don Salluste doit renoncer à ses fonctions et à sa fortune. Pour regagner l'estime du roi, il imagine de compromettre la reine avec son neveu, Don César, qui refuse, puis avec Blaze, qu'il sait amoureux de la reine. Le jour où Don Salluste est démis de ses fonctions et exilé, le faux César — alias Blaze — déjoue un complot dirigé contre le roi. Il devient le favori du roi et l'impôt est payé par les riches ! Blaze, croyant déclarer sa flamme à la reine que lui masque un buisson, ne voit pas que c'est Doña Juana, laide et acariâtre, qui l'écoute... César-Blaze est condamné par les conspirateurs, mais Don Salluste revient juste à temps pour prévenir son ex-valet que son gâteau d'anniversaire est empoisonné !

Dernier acte du plan ourdi par Salluste : il avertit le roi que son épouse va rejoindre César dans une auberge. Le vrai Don César y est aussi, ainsi que Doña Juana, éperdue d'amour. Et de lit en lit, de quiproquo en évanouissement, c'est le laideron que le roi surprend auprès de César-Blaze. Don Salluste est à nouveau banni, en Afrique. Blaze est avec lui : il a préféré le bagne à un mariage avec Doña Juana... dont la silhouette se découpe, menaçante, à l'horizon !

FICHE TECHNIQUE

Réalisation, scénario, adaptation et dialogues : **Gérard OURY**
Co-scénaristes : **Danièle THOMPSON, Marcel JULLIAN**
Directeur de la photographie : **Henri DECAE**
Musique : **Michel POLNAREFF**
Décors : **Georges WAKHEVITCH**
Costumes : **Jacques FOUTERAY**
Production : **Alain POIRÉ-Gaumont International (Paris)/Mars Films (Rome)/Coral Films (Madrid)/Orion Film (Munich)**
Distribution : **Gaumont**
FRANCE - ITALIE - ESPAGNE - R.F.A.
Durée : **113 minutes**

INTERPRETATION

Louis de FUNÈS : Don Salluste
Yves MONTAND : Blaze
Alberto de MENDOZA : Le roi
Karin SCHUBERT : La reine
Gabriele TINTI : Don César
Alice SAPRITCH : Doña Juana
Paul PRÉBOIST : Le muet
Venantino VENANTINI : Del Bosto
Leopoldo TRIESTE : Giuseppe
Don Jaime de MORA : Priego
BORGHESE : Le borgne

1956

René CLÉMENT

GERVAISE

L'HISTOIRE

Sous le Second Empire, dans un faubourg populaire de Paris, vit Gervaise, une jeune blanchisseuse, courageuse au travail et sachant faire face aux misères de l'existence. Abandonnée par son amant, l'avantageux Lantier, elle ne rechigne pas devant la besogne pour élever ses deux enfants. Prompte à la réplique d'ailleurs et pleine de vivacité, comme peut le constater la haineuse Virginie qui, pour s'être moquée de Gervaise, se voit fessée publiquement sous les gros rires des lavandières. Or, un brave ouvrier zingueur, Coupeau, aime Gervaise et celle-ci se décide à l'épouser. La lune de miel est heureuse, mais courte ; Coupeau est victime d'une chute et Gervaise, refusant de le mettre à l'hôpital, voit fondre les économies. Le forgeron Gouget, grand ami du couple, amoureux de la blanchisseuse, lui offre l'argent qui lui permet de s'installer à son compte.

L'affaire aurait vite prospéré, si Coupeau ne s'était pas mis à boire, si Gouget n'avait pas été arrêté à la suite d'une grève, si la vindicative Virginie n'avait pas réapparu, traînant Lantier. Bientôt, l'ancien amant se pavane dans l'appartement des Coupeau ; Gervaise doit subvenir aux besoins des deux hommes et finit par s'abandonner à Lantier. Virginie dévoile alors son jeu, devient la maîtresse en titre de Lantier et fait en sorte que Gervaise le sache. Coupeau saccage la blanchisserie dans une crise de délirium-tremens. Abandonnée, trahie, Gervaise se met à boire, et, prématurément vieillie, laisse sa fille la jeune Nana commencer son manège de petite courtisane.

Gervaise (**Maria Schell**) subira la vindicte de Virginie (**Suzy Delair**).

Dès 1909, le roman de Zola avait fait l'objet d'un film réalisé par Albert Capellani avec Arquillières, Napierkowska et Harry Baur. Douze ans plus tard Charles Maudru tourna de nouveau L'ASSOMMOIR avec Jean Dax, Mlle Sforza et Georges Lannes. La version parlante due à Gaston Roudès en 1933 réunissait Line Noro, Daniel Mendaille et Henri Bosc. L'adaptation de René Clément qui éclaire différemment le livre de Zola permit à Florelle de reparaître fugitivement à l'écran pour l'avant-dernière fois, de même que Rachel Devirys, ancienne vedette du muet (rôle de Madame Fauconnier). Maria Schell remporta la Coupe Volpi, à la Mostra de Venise, pour le rôle de Gervaise.

Lantier (**Armand Mestral**).

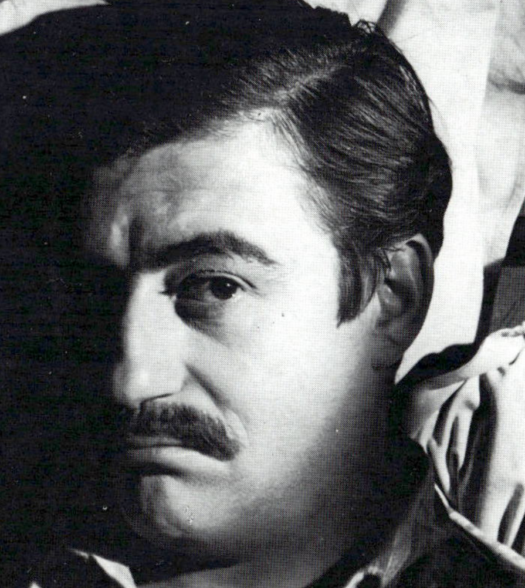

Coupeau (**François Périer**).

Réalisation : **René CLÉMENT**
Scénario et dialogues : **Jean AURENCHE, Pierre BOST**
D'après le roman « L'assommoir » de : **Émile ZOLA**
Directeur de la photographie : **René JUILLARD**
Décors : **Paul BERTRAND**
Musique : **Georges AURIC**
Costumes : **MAYO**
Production : **Agnès DELAHAIE, Annie DORFMANN, Raymond BORDERIE - Agnès Delahaie Productions/ Silver Films/C.I.C.C.**
Durée : **102 minutes**

FICHE TECHNIQUE

Maria SCHELL : Gervaise Macquart
François PÉRIER : Coupeau
Suzy DELAIR : Virginie Poisson
Armand MESTRAL : Lantier
Jacques HARDEN : Gouget
Mathilde CASADESUS : Madame Boche
Jany HOLT : Madame Lorilleux
Hubert de LAPPARENT : Monsieur Lorilleux
Lucien HUBERT : Monsieur Poisson
FLORELLE : Maman Coupeau
Micheline LUCCIONI : Clémence
Jacques HILLING : Monsieur Boche

INTERPRETATION

1990

Yves ROBERT

LA GLOIRE DE MON PÈRE

Jules **(Didier Pain)** séduit Tante Rose.

En route pour « la Bastide neuve »...

L'HISTOIRE

Le petit Marcel Pagnol naît en 1895. Sa mère, Augustine, est couturière. Lorsqu'elle doit s'absenter, elle confie la garde de l'enfant à son père instituteur, qui le place au fond de la classe pendant les cours. Ainsi Marcel sait-il lire et écrire très tôt. La sœur d'Augustine, Rose, épouse « le propriétaire du parc Borély » à Marseille, de dix ans plus âgé qu'elle. Malgré leurs différences, Joseph Pagnol et l'oncle Jules, le bon vin aidant, vont apprendre à s'apprécier. Ensemble, ils louent une petite maison dans les garrigues, la « Bastide neuve », pour les vacances d'été. Tout ce petit monde s'y rend à pied, derrière la charrette du père François, qui transporte les meubles. Tandis que les relations de voisinage se tissent au cours des parties de pétanque, se prépare le grand événement : la chasse à la bartavelle, la perdrix royale, le fin du fin du gibier. Marcel craint le pire pour son père, néophyte en la matière, face à l'oncle Jules, fin chasseur. Mais grâce à l'aide involontaire de son fils, Joseph réussit un doublé — deux bartavelles — et se voit fêté par tout le village.

S'étant résolu à l'idée que les vacances sont finies, après une escapade avec son copain Lili des Bellons, le petit braconnier, Marcel brandit une dernière fois bien haut les deux bartavelles... à la gloire de son père !

Marcel **(Julien Ciamaca)** et son père, Joseph **(Philippe Caubère),** arborant ses deux bartavelles.

C'est en répondant à une proposition d'Hélène Lazareff, directrice du magazine « Elle », que Marcel Pagnol commença à écrire ses « Souvenirs », les développant ensuite en trois volumes : « La gloire de mon père » (1957), « Le château de ma mère » (1958). « Le temps des secrets » (1960). L'auteur avait même l'intention d'achever sa carrière de cinéaste en adaptant lui-même ces « Souvenirs d'enfance ». Il n'en eut pas le temps. Yves Robert s'intéressait lui aussi à ce projet, et attendit plusieurs années avant de pouvoir convaincre, en compagnie d'Alain Poiré, les héritiers de l'écrivain. Dès 1963, il avait songé à une adaptation avec Marie-José Nat, Pierre Mondy et Catherine Rouvel. C'est finalement Philippe Caubère, interprète du rôle-titre du MOLIÈRE d'Ariane Mnouchkine (1978) et lui-même marseillais, qui joue le père de Marcel dans ce film ainsi que dans celui tourné simultanément : LE CHÂTEAU DE MA MÈRE, présenté deux mois plus tard.

Tante Rose **(Thérèse Liotard)** et Augustine **(Nathalie Roussel).**

FICHE TECHNIQUE

Réalisation et adaptation : **Yves ROBERT**
D'après « Souvenirs d'enfance » de : **Marcel PAGNOL**
Adaptation : **Jérôme TONNERRE, Louis NUCERA**
Directeur de la photo : **Robert ALAZRAKI**
Musique : **Vladimir COSMA**
Décors : **Jacques DUGIED**
Production : **Alain POIRÉ - Production Gaumont/Productions de la Guéville/ TF1 Films/CNC**
Distribution : **Gaumont**
Durée : **105 minutes**

Marcel et son copain Lili des Bellons **(Joris Molinas).**

INTERPRETATION

Philippe CAUBÈRE : Joseph Pagnol
Nathalie ROUSSEL : Augustine
Didier PAIN : Oncle Jules
Thérèse LIOTARD : Tante Rose
Julien CIAMACA : Marcel à onze ans
Paul CRAUCHET : Mond des Parpaillouns
Pierre MAGUELON : François
Joris MOLINAS : Lili des Bellons
Michel MODO : Le facteur de la treille
Victor GARRIVIER : Le curé
Victorien DELAMARE : Paul à cinq ans
Jean-Pierre DARRAS : La voix de Marcel

1943

Jacques BECKER

GOUPI MAINS ROUGES

Les Goupi ont découvert Tisane assassinée.

Dans le clan des Goupi, chacun porte un surnom approprié.

L'HISTOIRE

Un petit village de la province française, à l'écart de la civilisation. Un clan y est tout-puissant, celui des Goupi. Chaque membre est affecté d'un surnom familier : l'aïeul s'appelle Goupi-L'Empereur, le commerçant Goupi-Mes Sous, le gendarme Goupi - La Loi, la maîtresse de maison Goupi-Tisane, la jeune fille Goupi-Muguet, etc. Deux membres du clan font bande à part : Goupi-Mains Rouges, un braconnier jeteur de sorts, et Goupi-Tonkin, un colonial instable rongé par les fièvres. Coïncidant avec la venue au pays de Goupi-Monsieur, le Parisien, un double drame survient : Goupi-Tisane est découverte assassinée dans la forêt, et surtout L'Empereur a une attaque foudroyante qui le laisse muet, et donc dans l'incapacité de révéler à son fils le lieu où est caché le magot familial, comme il est de tradition de génération en génération.

Cependant, Monsieur tombe amoureux de Muguet, provoquant la jalousie de Tonkin. Les affaires des Goupi se réglant entre Goupi, tout se dénouera grâce au flair de Mains Rouges. L'assassin de Tisane, Tonkin, se jettera du haut d'un arbre, L'Empereur retrouvera la parole et Monsieur épousera Muguet.

Goupi-Tonkin (**Robert Le Vigan**) et Goupi-Mains Rouges (**Fernand Ledoux**).

Ce film adapte le célèbre roman de Pierre Véry : dans le roman, l'assassin de Tisane était Jean des Goupi, un domestique simple d'esprit tenu à l'écart de la famille ; dans le film, c'est Tonkin (interprété de façon puissante par Robert Le Vigan, dont ce fut le dernier film en France avant un long exil).

Bien plus qu'un film policier, Becker — d'accord avec son scénariste — voulut faire une étude de mœurs, centrée sur un milieu négligé jusqu'alors par le cinéma français : la paysannerie, calculatrice, imbue de ses traditions, fertile en drames rentrés. Il ne s'agit pourtant pas d'un documentaire, mais d'une fiction cocasse, pittoresque, à base réaliste.

Les extérieurs du film furent tournés près d'Angoulême, à Villebois-Lavalette, dans la ferme de Tourmeson. Distribué le 14 avril 1943, ce fut un des grands succès du cinéma sous l'Occupation, Grand Prix du Cinéma Français 1943.

Goupi-Monsieur (**Georges Rollin**) courtise Muguet (**Blanchette Brunoy).**

Réalisation et adaptation : **Jacques BECKER**
Adaptation et dialogues, d'après son roman : **Pierre VÉRY**
Directeurs de la photographie : **J. BOURGOIN, Pierre MONTAZEL**
Musique : **Jean ALFARO**
Décors : **Pierre MARQUET**
Production : **Minerva**
Durée : **104 minutes**

FICHE TECHNIQUE

Fernand LEDOUX : Goupi-Mains Rouges
Georges ROLLIN : Goupi-Monsieur
Blanchette BRUNOY : Goupi-Muguet
Robert LE VIGAN : Goupi-Tonkin
Arthur DEVÈRE : Goupi-Mes Sous
Line NORO : Marie des Goupi
Marcelle HAINIA : Goupi-Cancan
Germaine KERJEAN : Goupi-Tisane
René GÉNIN : Goupi-Dicton
Maurice SCHUTZ : Goupi-L'Empereur
Guy FAVIÈRES : Goupi-La Loi
Albert RÉMY : Jean des Goupi
Marcel PÉRÈS : Eusèbe
Louis SEIGNER : L'instituteur

INTERPRETATION

LES MISÉRABLES

LES MISÉRABLES – 1925 – Henri Fescourt.

LES MISÉRABLES – 1933 – Raymond Bernard.

LES MISÉRABLES – 1958 –

LES MISÉRABLES – 1935 – Richard Boleslawsky.

LES MISÉRABLES de Victor Hugo est l'une des œuvres françaises les plus célèbres du monde.

Depuis 1906 on en a tourné 36 versions : il y a une Cosette turque, une indienne, une égyptienne et même une japonaise.

Le titre lui aussi évolue. C'est parfois LE CHEMINEAU, l'ÉVADÉ DU BAGNE ou LES CHANDELIERS DE L'ÉVÊQUE.

Les principales versions françaises, sont celles d'Henri Fescourt (1925), Raymond Bernard (1933), Jean-Paul Le Chanois (1958) et Robert Hossein (1982). En y joignant la version américaine de Richard Boleslawsky (1935) on obtient un bel ensemble de Jean Valjean et de Javert.

	VALJEAN	JAVERT
1925	Gabriel Gabrio	Jean Toulont
1933	Harry Baur	Charles Vanel
1935	Fredric March	Charles Laughton
1958	Jean Gabin	Bernard Blier
1982	Lino Ventura	Michel Bouquet

Jean-Paul Le Chanois.

LES MISÉRABLES – 1982 – Robert Hossein.

1967

Jean-Gabriel ALBICOCCO

LE GRAND MEAULNES

Une étrange fête organisée dans un mystérieux manoir...

L'HISTOIRE

Une nuit, lors d'une fête étrange dans un domaine perdu dans les bois de Sologne, Augustin Meaulnes est ébloui par la beauté d'Yvonne de Galais, dont il tombe éperdument amoureux. Mais elle paraît avoir disparu avec son château et ceux qui l'entouraient : il ne lui reste plus qu'un souvenir émerveillé d'un rêve fantastique.

Le temps passe. Quand Meaulnes croit Yvonne de Galais mariée, son univers s'écroule, c'est la fin de son adolescence. Il tente d'oublier, avec l'aide de son ami François Seurel et la rencontre de Valentine. Mais il apprend que Valentine était la fiancée perdue par Frantz de Galais le soir de cette fête étrange.

Meaulnes sortira d'une longue période de désespoir quand François lui fera enfin retrouver Yvonne de Galais, qui n'a jamais été mariée mais est ruinée. Le destin ne leur permettra pas d'être heureux : Yvonne de Galais meurt en mettant au monde l'enfant d'Augustin. François s'occupera de la petite fille avec dévouement jusqu'au jour où Meaulnes, disparu après la mort de sa femme, reviendra pour reprendre son enfant.

Depuis la parution du roman d'Alain-Fournier (1886-1914), en 1913, de très nombreux cinéastes avaient souhaité porter ce livre à l'écran. Ils s'étaient toujours heurtés à l'opposition de la sœur d'Alain-Fournier, Isabelle Rivière. Il fallut donc attendre plus de 50 ans pour voir ce chef-d'œuvre porté à l'écran. Pour assurer la fidélité du film à l'œuvre de son frère, Isabelle Rivière tint à collaborer elle-même à l'adaptation et aux dialogues.

Le rôle de Meaulnes est tenu par Jean Blaise — de son véritable nom, Miroslav Brozek — dont ce fut la première apparition à l'écran. Brigitte Fossey n'avait pratiquement pas fait de cinéma depuis son rôle de toute petite fille dans JEUX INTERDITS (1953), de René Clément. LE GRAND MEAULNES fut pour elle le point de départ d'une nouvelle carrière.

... peuplée de curieux personnages.

Yvonne de Galais (**Brigitte Fossey**).

Réalisation, scénario et dialogues : **Jean-Gabriel ALBICOCCO**
Co-scénariste : **Isabelle RIVIÈRE**
D'après le roman de : **ALAIN-FOURNIER**
Directeur de la photographie : **Quinto ALBICOCCO**
Musique : **Jean-Pierre BOURTAYRE**
Décors : **Daniel LOURADOUR**
Costumes : **Sylvie POULET**
Production : **Gilbert de GOLDSCHMIDT-Madeleine Films/Awa Films**
Distribution : **C.F.D.C.**
Durée : **110 minutes**

FICHE TECHNIQUE

Augustin Meaulnes (**Jean Blaise**).

Brigitte FOSSEY : Yvonne de Galais
Jean BLAISE : Augustin Meaulnes
Alain LIBOLT : François Seurel
Alain NOURY : Frantz de Galais
Juliette VILLARD : Valentine Blondeau
Christian de TILIÈRE : Ganache, le clown
Marcel CUVELIER : M. Seurel
Thérèse QUANTIN : Millie Seurel
Serge SPIRA : Mouchebœuf
Bruno CASTAN : Delouche

INTERPRETATION

1958

Denys de LA PATELLIÈRE

LES GRANDES FAMILLES

L'HISTOIRE

La famille Schoudler règne sur le monde du sucre, de la banque et de la presse. Le chef du clan, Noël Schoudler, impose sa loi et n'hésite pas à éliminer tous ceux qui lui résistent. Pour lui, tout est bon pour sauver le prestige et la fortune des Schoudler. Il va même jusqu'à pardonner à l'un de ses collaborateurs, Lachaume, d'avoir engrossé l'une de ses proches. Par contre, Noël Schoudler se heurte à son fils François qui veut « rajeunir » les entreprises « maison » et à son cousin Lucien Maublanc (la honte de la famille), un débauché. Schoudler décide de donner une leçon à François. Il l'abandonne au moment où le jeune homme a besoin d'argent. Paniqué, François fait appel au cousin Maublanc. Ce dernier le laisse s'enferrer. François se suicide, laissant un fils de trois ans : Jean-Noël. Noël Schoudler va avoir un dernier sursaut. En vieux lion de la Bourse, il va à la fois sauver la fortune et l'esprit des Schoudler. Et c'est pour Jean-Noël — l'avenir de la famille — qu'il livre son dernier combat.

Le patriarche Noël Schoudler (**Jean Gabin**) se heurte à son cousin Maublanc (**Pierre Brasseur**).

Le sujet du roman de Maurice Druon (Prix Goncourt 1946) se déroulait après la guerre de 14-18. L'adaptation par de La Patellière et Audiard condense l'action et la transpose dans le Paris de la fin des années 50. Le résultat donne un film grand public où s'affrontent deux monstres sacrés : Jean Gabin et Pierre Brasseur entourés de valeurs sûres de l'écran et du théâtre : Desailly, Blier, Seigner, Bertheau, Clariond et bien sûr Mesdames Annie Ducaux et Françoise Christophe qui assument leurs personnages de femmes (dans ce film d'hommes) avec éclat.

Ce fut, à sa sortie, l'un des plus grands succès de l'année : 500 000 spectateurs en huit semaines d'exclusivité. C'est après « Les grandes familles » que Maurice Druon entreprit la rédaction des « Rois maudits ».

Le roman « Les grandes familles » obtint le Goncourt en 1946 avec six voix contre une à « Vipère au poing » d'Hervé Bazin.

En 1989, Édouard Molinaro tournait une version télévisée des « Grandes familles », avec Roger Hanin (Noël), Michel Piccoli (Maublanc) et Pierre Arditi (François).

François (**Jean Desailly**) présente son projet à son père, sous l'œil de Lachaume (**Bernard Blier**).

FICHE TECHNIQUE

Réalisation, scénario et adaptation : **Denys de LA PATELLIÈRE**
D'après le roman de : **Maurice DRUON**
Co-scénariste et dialoguiste : **Michel AUDIARD**
Directeur de la photographie : **Louis PAGE**
Musique : **Maurice THIRIET**
Décors : **René RENOUX**
Production : **Jean-Paul GUIBERT - Filmsonor/Intermondia Films**
Distribution : **Cinédis**
Durée : **90 minutes**

INTERPRETATION

Jean GABIN : Noël Schoudler
Jean DESAILLY : François Schoudler
Pierre BRASSEUR : Lucien Maublanc, dit Lulu
Bernard BLIER : Simon Lachaume
Françoise CHRISTOPHE : Jacqueline Schoudler
Annie DUCAUX : Adèle Schoudler
Louis SEIGNER : Raoul Leroy
Jean WALL : Pierre Leroy
Julien BERTHEAU : Le père de Lesguendieu
Daniel LECOURTOIS : Canet
Jean OZENNE : Le professeur Émile Lartois
Jean MURAT : Le général Robert de La Monnerie
Aimé CLARIOND : Gérard de La Monnerie
Jacques MONOD : Rousseau

1974

Bertrand TAVERNIER

L'HORLOGER DE SAINT-PAUL

L'horloger Descombes au travail.

Le scénario du film, écrit une première fois par Bertrand Tavernier, fut refusé par presque tous les producteurs pendant un an ; il tenta d'établir une seconde adaptation et soumit alors le projet à Philippe Noiret qui donna tout de suite son accord. Par la suite, Raymond Danon accepta, non sans mal, de produire le film. François Périer et Philippe Noiret avaient accepté d'en être les principaux interprètes. Mais à quinze jours du tournage, François Périer se décommanda car, fâcheusement, la date du film de son fils ANTOINE ET SÉBASTIEN avait été avancée. Jean Rochefort le remplaça au pied levé le lendemain même.

Le roman de Simenon avait pour cadre une ville américaine. Faute de budget, l'action du film se retrouvera transposée à Lyon. Le film obtint le Prix Louis-Delluc 1974. Philippe Noiret retrouvera le personnage de Michel Descombes dans UNE SEMAINE DE VACANCES (1980), toujours signé Bertrand Tavernier.

Une course-poursuite s'achève au bord de la Saône pour Michel et son ami Antoine (**Jacques Denis**).

L'HISTOIRE

Après une réunion entre amis, où chacun parle des derniers événements, Michel Descombes, artisan horloger lyonnais, rentre chez lui. Il mène une vie paisible, exerce un métier qu'il aime, fréquente de bons amis ; tout va être bouleversé par une perquisition de la police. Sa femme l'ayant abandonné, il a élevé son fils seul. Descombes apprend que son garçon, Bernard, s'est enfui en compagnie d'une jeune fille, Liliane, après avoir tué un garde privé de l'usine. Le commissaire Guibout, qui lui aussi a des problèmes avec ses enfants, tente d'obtenir l'aide de Descombes pour retrouver Bernard. Descombes se rend à l'évidence : malgré la bonne entente qui régnait entre lui et son fils, celui-ci ne se confiait jamais. Le jeune homme se fait arrêter et refuse absolument de voir son père, et aussi de faire passer le meurtre pour un crime passionnel. Par amour paternel, Descombes adopte l'avis de son fils. Bernard est condamné à vingt ans de réclusion. Le père rend visite à son fils et le peu de paroles prononcées suffit à prouver les sentiments sincères qui les unissent.

Descombes (**Philippe Noiret**) et le commissaire Guibout (**Jean Rochefort**).

Bernard (**Sylvain Rougerie**) a été arrêté.

Réalisation, scénario et dialogues :
Bertrand TAVERNIER
Co-scénaristes :
Jean AURENCHE et Pierre BOST
D'après le roman « L'horloger d'Everton » de :
Georges SIMENON
Directeur de la photographie :
Pierre-William GLENN
Musique : **Philippe SARDE**
Décors : **Jean MANDAROUX**
Production : **Raymond DANON - Lira Films**
Distribution : **Pathé/CFDC/Sirius**
Durée : **105 minutes**

FICHE TECHNIQUE

Philippe NOIRET : Michel Descombes
Jean ROCHEFORT : Le commissaire Guibout
Jacques DENIS : Antoine
Julien BERTHEAU : Édouard
Yves AFONSO : L'officier de police Bricard
Jacques HILLING : Costes
Clotilde JOANO : Janine Boitard
William SABATIER : L'avocat
Sylvain ROUGERIE : Bernard Descombes
Andrée TAINSY : Madeleine Fourmet
Cécile VASSORT : Martine
Christine PASCAL : Liliane Torrini

INTERPRETATION

1938

Marcel CARNÉ

HÔTEL DU NORD

L'HISTOIRE

Au bord du canal Saint-Martin, le modeste Hôtel du Nord accueille une clientèle de petites gens. Ce soir-là, un couple d'amoureux demande une chambre pour la nuit : Pierre et Renée ont décidé de mourir ensemble. Mais si Pierre a bien tiré sur son amie, il n'a pas le courage de se tuer. Dès qu'il entend la détonation, leur voisin Monsieur Edmond enfonce la porte... Il laisse Pierre s'enfuir. Celui-ci, au petit jour, se constituera prisonnier. Renée, transportée à l'hôpital, est sauvée ; comme elle ne sait où aller et qu'elle n'a personne au monde, elle revient à l'Hôtel du Nord où elle accepte de travailler comme bonne. Monsieur Edmond est toujours là ; il vit avec Raymonde, une prostituée ; c'est un homme mystérieux. Traqué par d'anciens complices qu'il a trahi, il ne se décide pas à quitter l'Hôtel du Nord, car il est épris de Renée. Lorsqu'elle lui propose de partir, avec les mots dont Pierre s'était servi pour la décider à mourir, Edmond accepte. Mais au dernier moment Renée, comme Pierre autrefois, se dérobe... Elle retourne à l'Hôtel du Nord, où Edmond la rejoint. Raymonde, qui s'est mise en ménage avec Prosper, « donne » son ancien protecteur. Ses anciens complices l'abattent dans la chambre même où Pierre avait tenté de tuer Renée. Tandis que le coup de revolver se perd parmi les pétards que les enfants allument le soir du 14 juillet, un couple s'étreint dans un square : Pierre, libéré par un non-lieu, son orgueil vaincu par l'amour de Renée, pleure dans ses bras.

Au soir du 14 juillet, Pierre (**Jean-Pierre Aumont**) et Renée (**Annabella**) se sont retrouvés.

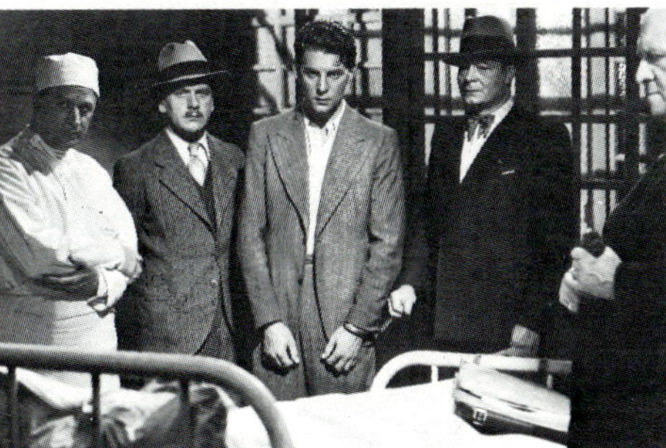

Pierre au chevet de Renée.

Le producteur Lucacevitch qui cherchait un sujet pour Annabella (LE MILLION, QUATORZE JUILLET, LA BANDERA) proposa HÔTEL DU NORD à Marcel Carné, qui désirait justement tourner un film d'après Eugène Dabit. Le scénario fut confié à Henri Jeanson. Il transforma le sujet initial et signa les dialogues : qui ne se souvient du célèbre « Atmosphère ? Atmosphère ?... » dit par Arletty de sa voix inimitable ? A côté des deux couples Arletty-Jouvet et Annabella-Aumont, on remarque aussi deux tout jeunes acteurs : François Périer et Bernard Blier. Le décorateur Alexandre Trauner reconstitua entièrement en studio l'Hôtel du Nord, le canal Saint-Martin et sa passerelle.

Raymonde à Edmond (**Louis Jouvet**) : « Atmosphère ? Atmosphère ?... »

Raymonde (**Arletty**).

Réalisation : **Marcel CARNÉ**
Scénario : **Henri JEANSON, Jean AURENCHE**
D'après le roman de : **Eugène DABIT**
Dialogues : **Henri JEANSON**
Directeur de la photographie : **Armand THIRARD**
Musique : **Maurice JAUBERT**
Décors : **Alexandre TRAUNER**
Production : **S.E.D.I.F.**
Durée : **95 minutes**

FICHE TECHNIQUE

Louis JOUVET : M. Edmond
ARLETTY : Raymonde
ANNABELLA : Renée
Jean-Pierre AUMONT : Pierre
Bernard BLIER : Prosper
ANDREX : Kenel
Paulette DUBOST : Ginette
Jane MARKEN : Madame Lecouvreur
François PÉRIER : Adrien
André BRUNOT : Monsieur Lecouvreur
Henri BOSC : Nazarede
Marcel ANDRÉ : Le chirurgien

INTERPRETATION

1986

Claude BERRI

JEAN DE FLORETTE

Manon (**Ernestine Mazurowna**) et son père.

« L'eau des collines », l'œuvre de Marcel Pagnol dont est tiré JEAN DE FLORETTE, et qui parut en 1963, comporte deux parties : « Jean de Florette » et « Manon des sources ». Pagnol avait écrit une partie de l'histoire dix ans auparavant et en avait fait lui-même un film : MANON DES SOURCES (1952), dont l'interprète principale était son épouse, Jacqueline Pagnol. « Jean de Florette » n'avait donc jamais été filmé et, très ému par ce roman, le cinéaste Claude Berri en demanda les droits à Jacqueline Pagnol. Celle-ci, d'abord réticente, accepta en voyant les essais tournés avec Yves Montand. Claude Berri se lança donc dans cette entreprise monumentale en divisant lui aussi son film en deux parties (MANON DES SOURCES, suite de JEAN DE FLORETTE, sortant trois mois plus tard). Le film, tourné pendant près de neuf mois en Provence, connut un grand succès public.

Daniel Auteuil remporta le César du meilleur acteur pour son interprétation d'Ugolin.

L'HISTOIRE

La Provence, vers le milieu des années vingt. Le Papet et son neveu Ugolin vivent dans les collines, juste au-dessus du village dit « Les Bastides blanches ». Ugolin a un grand projet : faire pousser des œillets. Mais, pour ce faire, il faut beaucoup d'eau... Avec la complicité de son oncle, Ugolin envisage donc d'acquérir un petit mas, un peu plus haut, dont le terrain renferme une source importante. Mais ce mas, jusque-là inhabité, revient en héritage à un certain Jean de Florette, percepteur à la ville. Ce dernier va bientôt arriver, avec son épouse Aimée et leur petite fille, Manon.

A l'annonce de la nouvelle, le Papet et Ugolin ont conçu un plan diabolique : ils ont complètement bouché la source, pour obliger Jean de Florette à aller chercher son eau beaucoup plus loin, le décourager et le forcer à revendre sa maison. Cependant, Jean de Florette est beaucoup plus tenace qu'ils ne croyaient : c'est un travailleur acharné, qui s'aide de tous les livres d'agriculture pour exploiter sa petite ferme, et n'hésite pas à faire des kilomètres pour trouver de l'eau ! Ugolin commence même à s'attendrir. Son oncle le pousse à tenir bon. Un jour, de plus en plus épuisé, Jean de Florette saute avec une charge de dynamite qu'il avait lui-même placée sur son terrain, pour essayer de trouver de l'eau... Pour le Papet et Ugolin, cet événement dramatique est une victoire, mais, alors même qu'ils se ruent vers la source pour la rouvrir, la petite Manon les surprend. Déjà, elle a tout compris, et elle reviendra...

Jean de Florette (**Gérard Depardieu**), sa femme Aimée (**Elisabeth Depardieu**) et leur fille Manon s'épuisent à acheminer l'eau.

Ugolin et le Papet (**Yves Montand**).

Ugolin (**Daniel Auteuil**) et ses œillets.

FICHE TECHNIQUE

Réalisation, scénario et production : **Claude BERRI**
Co-scénariste : **Gérard BRACH**
D'après « L'eau des collines » de : **Marcel PAGNOL**
Directeur de la photo : **Bruno NUYTTEN**
Musique : **Jean-Claude PETIT**
D'après un thème de : **Giuseppe VERDI**
Production : **Renn Productions/Films A2/Rai 2/DD Productions**
Distribution : **A.M.L.F.**
FRANCE - ITALIE. Durée : **120 minutes**

INTERPRETATION

Yves MONTAND : Le Papet
Gérard DEPARDIEU : Jean de Florette
Daniel AUTEUIL : Ugolin
Élisabeth DEPARDIEU : Aimée
Ernestine MAZUROWNA : Manon
Marcel CHAMPEL : Pique-Bouffigue
Armand MEFFRE : Philoxène
André DUPON : Pamphile
Jean MAUREL : Anglade
Pierre NOUGARO : Casimir
Didier PAIN : Eliacin
Marcel BERBERT : Le notaire

Robert BRESSON

JOURNAL D'UN CURÉ DE CAMPAGNE

Ambricourt : un petit village de l'Artois.

L'HISTOIRE

Un jeune prêtre, gravement malade sans le savoir, arrive dans sa première paroisse, Ambricourt, dans le Pas-de-Calais. Il est animé d'un zèle dévorant mais se heurte à l'incompréhension de ses paroissiens. Les enfants du catéchisme se dérobent avec une perversité inconsciente ; le châtelain, sur qui il espère s'appuyer, se ferme dès qu'il est question de sa liaison avec l'institutrice.

Au château, la comtesse vit repliée sur elle-même, dans le souvenir d'un enfant mort, désespérément révoltée contre Dieu. Chantal, fille unique des châtelains, est une adolescente orgueilleuse, jalouse et bouleversée par la liaison de son père. Seul, le curé de Torcy paraît comprendre son jeune confrère. Avec les jours, les charges banales du ministère, le jeune prêtre se sent consumé par la solitude. Il ne peut plus prier, s'efforce d'accepter.

Une visite au château le jette au cœur du drame de la comtesse. Il vaincra cette révoltée. Réconciliée avec Dieu, la comtesse est terrassée par une crise cardiaque. Chantal fait courir le bruit que le prêtre a provoqué cette crise par sa dureté. Puis c'est le village qui l'accuse de se livrer à la boisson parce que son estomac ne peut plus supporter qu'un peu de pain trempé dans du vin. Son état s'aggrave. A Lille, il consulte un spécialiste qui lui révèle sa maladie : un cancer de l'estomac. Il meurt chez un camarade du séminaire — défroqué depuis — en prononçant les mots qui expriment sa réussite intérieure, en dépit de son échec apparent : « Tout est grâce ».

Le curé d'Ambricourt affronte Chanta (**Nicole Ladmiral**).

Une première adaptation due à Jean Aurenche et Pierre Bost n'ayant pas eu l'agrément du romancier, Robert Bresson reprit le projet. Bernanos mourut en juillet 1948, avant qu'il ait pu lui soumettre son adaptation. Mais il obtint l'accord de ses exécuteurs testamentaires, le critique Albert Béguin et l'abbé Pézeril. Le tournage ne commença qu'au printemps 1950, dans un petit village d'Artois.

Pendant un an, Bresson reçut chaque dimanche Claude Laydu (comédien qui avait tenu de petits rôles chez Jean-Louis Barrault et Jean Dasté) pour lui parler de son personnage et le faire répéter. Presque tous les comédiens du film étaient des débutants ou des non-professionnels, comme le curé de Torcy, interprété par un médecin de Paris ; Jean Danet qui apparaissait pour la première fois sur l'écran deviendra plus tard l'animateur des « Tréteaux de France ».

Le film obtint le prix Louis-Delluc en 1950 ainsi que le Prix international et le Prix de la meilleure photographie au Festival de Venise 1951.

Le curé d'Ambricourt (**Claude Laydu**).

Réalisation, adaptation et dialogues : **Robert BRESSON**
D'après le roman de : **Georges BERNANOS**
Directeur de la photo : **Léonce-Henry BUREL**
Musique : **Jean-Jacques GRUNENWALD**
Décors : **Pierre CHARBONNIER**
Production : **André HALLEY des FONTAINES - U.G.C.**
Distribution : **A.G.D.C.**
Durée : **110 minutes**

FICHE TECHNIQUE

Claude LAYDU : Le curé d'Ambricourt
Jean RIVIÈRE : Le comte
Armand GUIBERT : Le curé de Torcy
Nicole LADMIRAL : Chantal
Martine LEMAIRE : Seraphita Dumouchel
Nicole MAUREY : Mademoiselle Louise
Antoine BALPÉTRÉ : Le docteur Delbende
Marie-Monique ARKELL : La comtesse
Jean DANET : Olivier
Yvette ÉTIEVANT : La femme de ménage
Germaine STAINVAL : La patronne du café
Serge BENNETEAU : Miltonnet
Léon ARVEL : Fabregard
Gaston SÉVERIN : Le chanoine
Bernard HUBRENNE : Dufrety

INTERPRETATION

1964

Luis BUÑUEL

LE JOURNAL D'UNE FEMME DE CHAMBRE

Attablés, Joseph **(Georges Géret)**, Célestine et une domestique **(Madeleine Damien)**.

Célestine **(Jeanne Moreau)** se plie au fétichisme de M. Rabour **(Jean Ozenne)**.

L'HISTOIRE

En 1928, Célestine est engagée comme femme de chambre au Prieuré, propriété bourgeoise de la famille Monteil, en Normandie. Elle découvre les petits travers de chacun : les appétits sexuels et le goût de la chasse de M. Monteil, la frigidité et l'obsession de la propreté de Mme Monteil, le fétichisme de la bottine féminine du vieux Rabour, le racisme maurassien du domestique Joseph, le militarisme borné du voisin Mauger, capitaine en retraite.

Célestine se lie d'amitié avec Marianne, servante un peu simple d'esprit et surtout Claire, une fillette assez indépendante. Alors qu'on apprend la mort subite de Rabour, tenant encore à la main une de ses chères bottines, on découvre dans les bois le cadavre de Claire. Elle a été violée et assassinée par Joseph. Pour confondre le meurtrier et le livrer à la justice, Célestine accepte de se fiancer avec lui et fabrique une preuve qui entraîne l'arrestation du coupable. L'ancienne femme de chambre concrétise alors son ascension sociale en épousant Mauger, qu'elle transforme en mari soumis.

Après son acquittement, Joseph est devenu le patron d'un petit bistrot à Cherbourg. Il regarde passer un défilé de militants d'extrême-droite qui crient leurs slogans xénophobes. Joseph lance un « Vive Chiappe » bientôt repris par tous. L'orage éclate.

Monteil **(Michel Piccoli)** au mariage de Mauger **(Daniel Ivernel)** et Célestine.

LE JOURNAL D'UNE FEMME DE CHAMBRE marqua le début d'une longue et fructueuse collaboration entre Luis Buñuel, le scénariste Jean-Claude Carrière, le premier assistant Pierre Lary et la scripte Suzanne Durremberger.

C'est aussi à l'occasion de ce film que le cinéaste rencontra la comédienne Muni, devenue ensuite son « actrice-mascotte ». Le roman de Mirbeau, écrit en 1900, situait l'action vers la fin du XIXe siècle. Les auteurs du film choisirent de la transposer dans le contexte des années 1928-1929, au moment de l'éclosion des ligues fascistes en France. Le tournage eut lieu à Paris et près de Milly-la-Forêt, en automne 1963.

En 1946, aux États-Unis, Jean Renoir avait tourné une première adaptation du roman de Mirbeau, avec Paulette Goddard et Burgess Meredith.

Célestine protège Claire **(Dominique Sauvage)** de Joseph...

FICHE TECHNIQUE

Réalisation et scénario : **Luis BUÑUEL**
Co-scénariste : **Jean-Claude CARRIÈRE**
D'après le roman de : **Octave MIRBEAU**
Directeur de la photographie : **Roger FELLOUS**
Décors : **Georges WAKHEVITCH**
Production : **Serge SILBERMAN, Michel SAFRA -Speva-Films/ Ciné Alliances/Filmsonor (Paris)/ Dear Film Produzione (Rome)**
Distribution : **Cocinor/20th Century-Fox**
FRANCE - ITALIE. Durée : **98 minutes**

INTERPRETATION

Jeanne MOREAU : Célestine
Michel PICCOLI : M. Monteil
Françoise LUGAGNE : Mme Monteil
Georges GÉRET : Joseph
Jean OZENNE : M. Rabour
Daniel IVERNEL : Le capitaine Mauger
Gilberte GÉNIAT : Rose, sa servante
MUNI : Marianne
Dominique SAUVAGE : Claire
Jean-Claude CARRIÈRE : Le curé
Bernard MUSSON : Le sacristain
Claude JAEGER : Le juge
Madeleine DAMIEN : La domestique

1951

Guy LEFRANC

KNOCK

Représentée pour la première fois le 15 décembre 1923 dans une mise en scène et des décors de Louis Jouvet, la pièce de Jules Romains avait déjà été portée à l'écran en 1925 par René Hervil, avec Fernand Fabre et, en 1933, par Jouvet et René Goupillières, avec Jouvet dans le rôle-titre. Cette troisième adaptation, dont le comédien assura la direction artistique — c'était le premier long métrage de Guy Lefranc, né en 1919 — fut son avant-dernier film (le dernier fut UNE HISTOIRE D'AMOUR), tourné fin 1950, peu avant sa mort, le 16 août 1951.

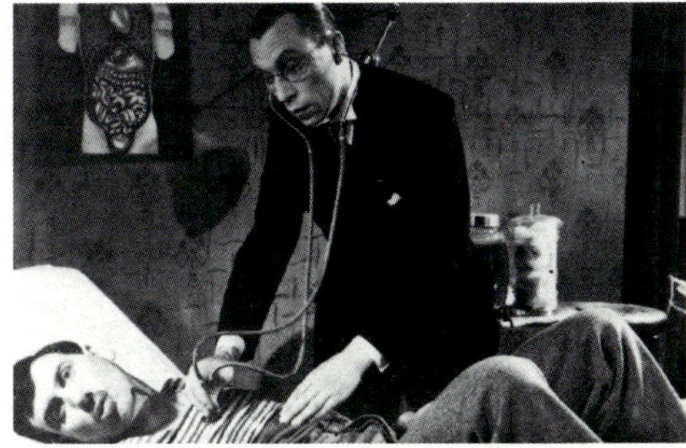

Knock (**Louis Jouvet**) en pleine auscultation...

Le docteur Parpalaid (**Jean Brochard**) constate à quel point la population soutient Knock.

L'HISTOIRE

Octobre 1923, Saint-Maurice, 6 000 habitants : le docteur Knock prend possession du cabinet vendu par le docteur Parpalaid et en découvre l'absence de clientèle. Son prédécesseur, en effet, s'efforçait de rassurer les consultants, minimisant leurs maux de telle sorte que tous les Saint-Mauriciens — à l'exception de ceux terrassés par une mort subite — se sentent en parfaite santé. Au nom de l'intérêt supérieur de la médecine, Knock conçoit sa mission autrement : « Les gens bien portants sont des malades qui s'ignorent » et un médecin doit combattre cette ignorance. Il convainc l'instituteur, M. Bernard, de donner des conférences pour instruire « ces pauvres gens sur les périls de chaque seconde qui assiègent leur organisme ». Puis il prédit la fortune à Mousquet, le pharmacien qui végétait au temps de Parpalaid. Enfin, il confie au tambour de ville sa publicité : consultation gratuite le lundi matin. Le brave homme délivre le message et va se coucher car le docteur lui a mis le doigt là où « ça me gratouille, ou plutôt, ça me chatouille ». On se presse à la consultation. On y entre droit et désinvolte, on en sort accablé et voûté. Une fermière, une bourgeoise — Mme Pons — deux ivrognes farceurs sont les premiers frappés — avec les artères en « tuyau de pipe » ou « un tiraillement sur les multipolaires » — et se hâtent vers leur lit, condamnés à la diète et aux potions. L'officine de Mousquet ne désemplit plus et, bientôt, l'hôtel de Mme Rémy est transformé en hôpital. L'âge médical a commencé...

A Parpalaid de passage, Knock exhibe les courbes ascensionnelles des consultations et des traitements, et compte avec lui les lumières qui témoignent, dans chaque maison, de la veille d'un malade. Choqué, mais bon commerçant, Parpalaid propose à Knock d'échanger Lyon, où il exerce, contre Saint-Maurice. Mousquet, Mme Rémy, infirmiers et « malades » s'opposent à cette transaction. Parpalaid restera quand même, mais au lit, car Knock lui a trouvé mauvaise mine !

Knock et le tambour de ville (**Yves Deniaud**).

Mousquet (**Pierre Renoir**) reçoit Knock.

Réalisation : **Guy LEFRANC**
Scénario : **Georges NEVEUX**
D'après la pièce de : **Jules ROMAINS**
Directeur de la photographie : **Claude RENOIR**
Musique : **Paul MISRAKI**
Décors : **Robert CLAVEL**
Production : **Jacques ROITFELD**
Distribution : **Sirius**
Durée : **98 minutes**

FICHE TECHNIQUE

Louis JOUVET : Le docteur Knock
Jean BROCHARD : Le docteur Parpalaid
Pierre BERTIN : M. Bernard, l'instituteur
Pierre RENOIR : Mousquet, le pharmacien
Marguerite PIERRY : Madame Pons
Jean CARMET : L'infirmier
Yves DENIAUD : Le tambour de ville
Jane MARKEN : Madame Parpalaid
Mireille PERREY : Madame Rémy
Paul FAIVRE : Michalon, le maire
Madeleine BARBULÉE : Une infirmière
Louis de FUNÈS : Un malade

INTERPRETATION

1988

Michel DEVILLE

LA LECTRICE

Marie, la lectrice **(Miou-Miou)** rencontre d'étranges lecteurs : un P.-D.G. pressé **(Patrick Chesnais)...**

L'HISTOIRE

Constance lit à son ami Jean un livre dont l'héroïne s'appelle Marie et adore la lecture... Marie passe une annonce : elle se propose comme lectrice à domicile. Éric, son premier « client », est un jeune garçon, paralysé. « La chevelure » de Maupassant, Baudelaire et « Les fleurs du mal », le charme de Marie et ses jambes qu'il caresse du regard plongent l'adolescent dans les délicieux vertiges des rêveries érotiques et lui font retrouver la joie de vivre. Une pittoresque veuve d'un général hongrois, dont la servante est en proie aux araignées, s'exalte à la lecture de Marx, Gorki et Lénine. Coralie, une jolie fillette, se prend pour Alice et entraîne Marie dans les flonflons et sur les manèges d'une fête foraine devenue pays des merveilles. Au cou, aux doigts, elle porte les bijoux de sa mère qui crie au vol et au kidnapping ! Quant à cet égoïste P.-D.G., pressé en amour comme en affaires, « L'amant » de Marguerite Duras et le corps de sa lectrice lui révèlent que l'amour est une délicate affaire qui se joue à deux, sans hâte et à l'écoute de l'autre.

Mais la jeune femme rencontre des problèmes : avec son ami Philippe, jaloux ; avec un commissaire de police soupçonneux, avec un vieux magistrat, d'allure respectable, qui lui demande de lire un passage osé de Sade. Lorsque le vieil homme convie à la lecture le commissaire et un médecin, Marie, flairant un piège de ces représentants de l'ordre établi, se retire, se condamnant ainsi au chômage.

Constance ferme son livre. Demain, elle ira passer une annonce...

... une générale fofolle **(Maria Casarès)...**

... le jeune Éric **(Régis Royer)...**

Michel Deville et son épouse Rosalinde Damamme se sont inspirés d'un roman, « La lectrice » et d'un recueil « Un fantasme de Bella B. et autres récits » (Prix Goncourt 1983 de la nouvelle), de Raymond Jean, écrivain et professeur de littérature moderne et contemporaine à l'université d'Aix-en-Provence. Miou-Miou est l'actrice pour qui, dès l'origine du projet, avait été écrit le rôle de la lectrice. Les extérieurs du film furent tournés à Arles.

LA LECTRICE valut à Patrick Chesnais le César du Meilleur Acteur dans un second rôle.

... un vieux magistrat **(Pierre Dux)** amateur de Sade.

Réalisation : **Michel DEVILLE**
Scénario et dialogues : **Rosalinde et Michel DEVILLE**
D'après des œuvres de : **Raymond JEAN**
Directeur de la photographie : **Dominique LE RIGOLEUR**
Musique : **Ludwig van BEETHOVEN**
Production : **Rosalinde DEVILLE - Eléfilm/A.A.A. Productions/Xavier GÉLIN et Denis CHATEAU/T.S.F. Productions/ François RUGGIERI/Ciné 5**
Distribution : **A.A.A.**
Durée : **99 minutes**

FICHE TECHNIQUE

MIOU-MIOU : Marie/Constance
Régis ROYER : Éric
Maria CASARÈS : La générale, veuve Dumesnil
Patrick CHESNAIS : Le P.-D.G.
Pierre DUX : Le magistrat
Jean-Luc BOUTTÉ : Le commissaire
Christian RUCHÉ : Philippe/Jean
Brigitte CATILLON : Jocelyne/la mère d'Éric
Mariane DENICOURT : Bella
Charlotte FARRAN : Coralie
Clotilde de BAYSER : La mère de Coralie
Léo CAMPION : Le grand-père
Maria DE MEDEIROS : L'infirmière muette
Bérangère BONVOISIN : La mère de Joël/La serveuse de l'hôtel
André WILMS : L'homme de la rue Saint-Landry
Isabelle JANIER : L'infirmière bavarde

INTERPRETATION

Roger VADIM

LES LIAISONS DANGEREUSES 1960

Le producteur Carlo Ponti tenait à une transposition moderne du roman de Choderlos de Laclos. Ce projet contraria Claude Autant-Lara qui travaillait lui aussi à une adaptation des « Liaisons dangereuses ». Après une participation éphémère de Françoise Giroud, l'intervention de Roger Vailland fut décisive : c'est lui qui eut l'idée audacieuse de marier Valmont et Merteuil. Vadim s'était réservé le rôle de Valmont, mais il y renonça au profit de Gérard Philipe, très attiré par ce personnage.

Pour le rôle de Cécile, Vadim avait choisi Gillian Hills, qui n'avait alors que 14 ans. Or le scandale des « Ballets roses » venait de faire la une des journaux. Devant la menace des ligues de décence, Vadim préféra choisir une autre actrice : Gillian Hills dut se contenter d'un petit rôle de figuration. Puis la Société des Gens de Lettres engagea un procès. Ce fut l'occasion d'un talentueux plaidoyer de François Mitterrand, alors avocat des auteurs du film. Après quelques ennuis avec la censure, le film, sortit le 9 septembre 1959, affublé du millésime 1960, exigé par la Société des Gens de Lettres.

Le 25 novembre de la même année, alors que Gérard Philipe/Valmont allait paraître sur l'écran, les lumières se rallumèrent. Une voix, altérée par l'émotion, annonçait la mort de ce merveilleux acteur.

Valmont (**Gérard Philipe**) se voit confier par son épouse Juliette une mission de séduction.

Danceny (**Jean-Louis Trintignant**) et Juliette.

L'HISTOIRE

Juliette de Merteuil veut se venger d'un amant qui vient de rompre pour épouser Cécile Volanges. Elle confie à son mari Valmont la mission de séduire la jeune fille avant la cérémonie nuptiale. Cécile aime Danceny, un polytechnicien qui vit dans une mansarde du Quartier Latin. Au nom de ses principes moraux, Danceny repousse les avances de la jeune fille. Valmont rejoint les Volanges à Megève, séduit Cécile le plus facilement du monde, mais tombe amoureux d'une ravissante femme mariée, Marianne Tourvel. C'est, paraît-il, une citadelle imprenable. Or, Valmont affirme qu'il n'y a que des citadelles mal attaquées et, grâce à une stratégie de grand style, il vient à bout de la fidélité réputée de Marianne. Mais il aime désormais cette dernière. Juliette réprimande le Don Juan qui s'est laissé prendre au piège, elle dicte une lettre de rupture qu'elle fait parvenir à Marianne. Celle-ci sombre dans la folie douce, Danceny tue Valmon; Juliette, en voulant détruire des lettres compromettantes, est défigurée par le feu.

Juliette de Merteuil (**Jeanne Moreau**).

Réalisation et scénario : **Roger VADIM**
Co-scénaristes : **Roger VAILLAND, Claude BRÛLÉ**
D'après le roman de : **Choderlos de LACLOS**
Directeur de la photographie : **Marcel GRIGNON**
Musique : **Thelonius MONK**
Interprétée par : **Art BLAKEY et les JAZZ MESSENGERS**
Décors : **Robert GUISGAND**
Production et distribution : **Edmond TÉNOUDJI - Les Films Marceau**
Durée : **105 minutes**

FICHE TECHNIQUE

Juliette et Cécile (**Jeanne Valérie**).

Gérard PHILIPE : : Valmont
Jeanne MOREAU : Juliette de Merteuil
Annette VADIM : Marianne Tourvel
Jeanne VALÉRIE : Cécile Volanges
Jean-Louis TRINTIGNANT : Danceny
Simone RENANT : Madame Volanges
Nicolas VOGEL : Jerry Court
Boris VIAN : Prévan
Gillian HILLS : Une amie de Cécile
Madeleine LAMBERT : Mme Rosemonde
Alexandra STEWART : Une amie de Miguel
Frédéric O'BRADY : Un diplomate

INTERPRETATION

1991

Claude CHABROL

MADAME BOVARY

Emma, Homais (**Jean Yanne**) et Charles Bovary (**Jean-François Balmer**).

L'HISTOIRE

D'origine paysanne, Emma Rouault a épousé un veuf, le docteur Charles Bovary. La vie de province ennuie profondément la jeune femme, tout comme son mari dont la « conversation est plate comme un trottoir de rue ». Invitée à un bal, grisée par le luxe et la musique, Emma connaît le plus beau jour de sa vie. Sans lendemain... Charles ne comprend rien à la langueur de son épouse : n'a-t-elle pas tout pour être heureuse ? Peut-être trouverait-elle des distractions dans une ville plus importante... Le couple va s'installer à Yonville où il y a, c'est vrai, plus de monde et d'animation : le sentencieux pharmacien Homais ; le jeune Léon Dupuis, amateur de musique et de poésie comme croit l'être Emma, qui recherche sa compagnie. Lorsque Léon part à Rouen compléter ses études de notariat, Emma se retrouve encore plus seule, en dépit de la naissance d'une enfant dont elle ne s'occupe guère. Charles, humble et terne, l'irrite ; personne ne la comprend, pas même l'abbé Bournisien. Vient le jour des comices agricoles et la rencontre avec Rodolphe Boulanger, séduisant châtelain qui n'a aucun mal à faire d'Emma sa maîtresse. « J'ai un amant » se réjouit la jeune femme qui entrevoit de refaire sa vie avec Rodolphe. Mais celui-ci ne l'entend pas de cette oreille et la quitte. Emma semble avoir tourné une page : elle dépense sans compter, chez Lheureux, le drapier qui lui confectionne des robes somptueuses ; elle entame une liaison avec Léon, retrouvé à Rouen. Mais elle accumule les dettes et Lheureux menace de saisir ses biens et la maison de Bovary, qui ne s'est aperçu de rien. Aux abois, Emma réclame en vain de l'argent à Rodolphe, à Léon. Désespérée, elle dérobe de l'arsenic chez Homais et s'empoisonne. Auprès de la mourante, Charles sanglote : « Est-ce ma faute ? ».

Edité en 1857, le roman de Flaubert a fait l'objet de nombreuses adaptations cinématographiques. Les plus connues sont signées Jean Renoir (1934) et Vincente Minnelli (1949) avec Valentine Tessier et Jennifer Jones dans le rôle-titre. A la télévision, c'est Nicole Courcel qui fut Emma dans la version de Pierre Cardinal (1974). Mais il y eut d'autres Madame Bovary : l'Allemande Pola Negri (Gerhardt Lamprecht, 1937), l'Argentine Mecha Ortiz (Carlos Schlieper, 1947), la Polonaise Jadwiga Jankowska-Cieglak (Kaminski, 1977), la Soviétique Cecilia Zervudacki (Alexandre Sokurov, 1989). Il existe même une MADAME BOVARY NUE, en la personne d'Edwige Fenech (John Scott, 1969) !

Emma (**Isabelle Huppert**) et Rodolphe (**Christophe Malavoy**).

Charles au chevet d'Emma.

FICHE TECHNIQUE

Réalisation, adaptation et dialogues : **Claude CHABROL**
D'après le roman de : **Gustave FLAUBERT**
Directeur de la photographie : **Jean RABIER**
Musique : **Matthieu CHABROL**
Décors : **Michèle ABBÉ**
Costumes : **Corinne JORRY**
Production : **Marin KARMITZ - MK2 Productions S.A./CED Productions/ FR3 Films Production**
Distribution : **MK2 Diffusion**
Durée : **140 minutes**

INTERPRETATION

Isabelle HUPPERT : Emma Bovary
Jean-François BALMER : Charles Bovary
Christophe MALAVOY : Rodolphe Boulanger
Jean YANNE : M. Homais
Lucas BELVAUX : Léon Dupuis
Jean-Louis MAURY : Lheureux
Florent GIBASSIER : Hippolyte
Jean-Claude BOUILLAUD : Le père Rouault
Sabeline CAMPO : Félicité
Christiane MINAZZOLI : Mme Lefrançois
Marie MERGEY : La mère Bovary
Jacques DYNAM : L'abbé Bournisien

1986

Claude BERRI

MANON DES SOURCES

L'HISTOIRE

Dix ans ont passé, Manon est aujourd'hui une très belle jeune fille. Sa mère, Aimée, est partie à la ville ; Manon a préféré rester là, sur ces collines où son père a donné sa vie... pour un peu d'eau. Elle sait que le Papet et Ugolin ont bouché la source qui aurait normalement arrosé le domaine de son père... Or Ugolin tombe amoureux fou de cette belle sauvageonne, qu'il épie toute la journée dans les collines, entourée de ses chèvres. Un jour, n'y tenant plus, Ugolin lui hurle son amour... Mais il la surprend aussi en tendre conversation avec un jeune instituteur. Soudain, le village tout entier est privé d'eau. Personne ne sait que c'est Manon qui, pour venger la mort de son père, a à son tour bouché la source qui alimente le village.

Un jour, alors que le jeune instituteur a invité tout le monde à boire l'apéritif à l'occasion de son anniversaire, Manon accuse publiquement le Papet et Ugolin d'avoir causé indirectement la mort de son père. Le Papet nie tout, mais Ugolin, n'en pouvant plus, avoue devant tout le monde ; il crie surtout son amour à Manon, en lui demandant de l'accepter pour époux et de tout effacer. Mais Manon le repousse, et peu de temps après, le Papet le retrouve pendu...

Dès lors, le Papet lui-même n'a plus le goût de vivre. Et, dernier coup du sort, une des plus vieilles femmes du village lui révèle que Florette — dont le Papet était amoureux dans sa jeunesse — avait mis au monde un garçon après le départ du Papet pour l'Afrique. Ce garçon, c'était bien sûr Jean de Florette, que le Papet avait toujours pris pour le fils de l'homme que Florette avait épousé plus tard, à la ville. En quelques secondes, le Papet apprend qu'en provoquant la mort de Jean de Florette, il a tué son propre fils...

En présence de l'instituteur, du Papet (**Yves Montand**) et d'Ugolin, le spécialiste des eaux (**Ticky Holgado**) constate le désastre.

Ugolin (**Daniel Auteuil**) tente de se justifier.

Au moment où sort MANON DES SOURCES (en novembre 86, trois mois après JEAN DE FLORETTE), Claude Berri sait déjà que son pari est gagné : cet énorme film, dont le tournage a duré neuf mois, dont le budget fut forcément très lourd (onze milliards de centimes), va être bénéficiaire car la première partie — JEAN DE FLORETTE — a remporté un très grand succès (en novembre 86, on avait déjà recensé plus de 5 millions de spectateurs sur toute la France). Quant à Emmanuelle Béart (21 ans à l'époque, fille du chanteur Guy Béart), elle est immédiatement consacrée par ce premier grand rôle ; on l'avait découverte en 1984 dans L'AMOUR EN DOUCE, d'Édouard Molinaro, déjà en compagnie de Daniel Auteuil. Le rôle de Manon lui valut le César du Meilleur Second rôle féminin; celui d'Ugolin le César du Meilleur Acteur à Daniel Auteuil.

Manon épouse l'instituteur (**Hippolyte Girardot**).

Manon (**Emmanuelle Béart**).

FICHE TECHNIQUE

Réalisation, scénario et production : **Claude BERRI**
Co-scénariste : **Gérard BRACH**
D'après le roman « L'eau des collines » de : **Marcel PAGNOL**
Directeur de la photographie : **Bruno NUYTTEN**
Musique : **Jean-Claude PETIT**
D'après un thème de : **Giuseppe VERDI**
Décors : **Bernard VEZAT**
Costumes : **Sylvie GAUTRELET**
Production : **Renn Productions/Films A2/Rai2/DD Productions**
Distribution : **A.M.L.F.**
FRANCE - ITALIE. Durée : **120 minutes**

INTERPRETATION

Yves MONTAND : Le Papet
Daniel AUTEUIL : Ugolin
Emmanuelle BÉART : Manon
Hippolyte GIRARDOT : L'instituteur
Élisabeth DEPARDIEU : Aimée
Armand MEFFRE : Philoxène, le maire du village
Ticky HOLGADO : Le spécialiste des eaux
Jean BOUCHAUD : Le curé
Gabriel BACQUIER : Le chanteur
André DUPON : Pamphile
Yvonne GAMY : Delphine
Pierre NOUGARO : Casimir

1976

Eric ROHMER

LA MARQUISE D'O...

Outragés, le père de la marquise (**Peter Luhr**) et sa mère (**Edda Seippel**) la chassent.

L'HISTOIRE

En 1799, une place forte lombarde tombe aux mains de l'ennemi. Une jeune veuve, la marquise d'O..., est en passe de subir les outrages de ses vainqueurs lorsqu'un comte russe la sauve du déshonneur. Profitant d'un profond sommeil de la marquise, il la viole. Puis, repentant, insiste pour l'épouser. La marquise, qui le considère comme son sauveur et ignore sa propre infortune, l'éconduit avec respect.

Quelque temps plus tard, elle est la proie de vertiges et d'évanouissements. Un médecin et une sage-femme l'affirment enceinte. Ses parents outragés la chassent et elle doit se réfugier dans ses terres. Elle prend l'initiative de faire passer dans le journal local une annonce demandant au père inconnu de se faire connaître : elle se déclare décidée à l'épouser, quel qu'il soit. Un inconnu lui fixe un rendez-vous. A l'heure dite, c'est le comte qui apparaît. Épouvantée, ulcérée, la marquise le repousse. Elle l'épouse à condition qu'il renonce à ses droits d'époux. Le mariage est célébré. Aussitôt après, les conjoints se séparent. Au bout d'une année de purgatoire, la comtesse se jette dans les bras de son époux après le baptême de leur enfant.

Eric Rohmer n'a fait qu'une modification au récit de Kleist : il a remplacé l'évanouissement de la marquise par un profond sommeil dû à l'absorption de narcotique. Pour le reste, une scrupuleuse fidélité... jusqu'aux tableaux inspirés de Greuze, Füssli, David Gaspard Friedrich.

Peut-on rire à la vue de ce mélodrame romantique où les personnages versent des torrents de larmes et qui dépeint, comme l'a dit Rohmer : « Un monde qui ne craint ni une expression emphatique ni les épanchements et qui correspond bien à la fin du XVIIIe siècle. Ce qui n'empêche pas Kleist de donner un certain nombre de petites indications qui sont humoristiques (...) Il y a toujours chez lui une volonté de destruction des situations qui sont toutes effrayantes mais en même temps à la limite du comique ou pouvant y glisser à tout instant. (...) Je dois dire qu'il ne me déplairait pas du tout qu'on rie ! »

Ce « conte moral » nouvelle manière remporta le Prix Spécial du Jury à Cannes en 1976.

La marquise d'O (**Edith Clever**).

Titre allemand : **DIE MARQUISE VON O...**
Réalisation, scénario et dialogues : **Eric ROHMER**
D'après la nouvelle de : **Heinrich von KLEIST**
Directeur de la photographie : **Nestor ALMENDROS**
Musique, d'après des airs prussiens de 1804 : **Roger DELMOTTE**
Décors : **Roger von MOLLENDORFF**
Costumes : **Moidele BICKEL**
Production : **Barbet SCHROEDER-Les Films du Losange/ Klaus HELLWIG-Janus Film Produktion/ Gaumont/Artemis**
Distribution : **Gaumont**
FRANCE - R.F.A. Durée : **103 minutes**

FICHE TECHNIQUE

Edith CLEVER : La marquise
Bruno GANZ : Le comte
Peter LUHR : Le père
Edda SEIPPEL : La mère
Otto SANDER : Le frère
Bernhard FREY : Leopardo
Ruth DREXEL : La sage-femme
Hezzo HUBER : Le portier
Eduard LINKERS : Le médecin
Erich SCHACHINGER : Le général russe
Richard ROGNER : L'officier russe
Thomas STRAUS : Le courrier
Volker PRACHTEL : Le prêtre
Marion MULLER, Heidi MOLLER : Les femmes de chambre
Eric ROHMER : Un officier

INTERPRETATION

1986

Alain RESNAIS

MÉLO

L'HISTOIRE

Un soir de juin 1926. Marcel Blanc, grand violoniste qui parcourt le monde pour faire apprécier son talent, dîne chez son vieil ami Pierre Belcroix, musicien plus modeste que Marcel a connu au Conservatoire. Dans son petit pavillon de la banlieue parisienne, à Montrouge, Pierre vit une vie beaucoup moins exaltante, aux côtés de sa charmante femme Romaine. C'est la première fois que Marcel rencontre Romaine, et, ce soir-là, va s'exercer entre eux une sorte d'attirance mutuelle, qui se traduit d'abord par un jeu intellectuel et verbal. Mais, au bout du compte, Romaine, fascinée par la personnalité de grand séducteur de Marcel, lui lance un défi : sous prétexte de jouer ensemble — Romaine est un peu pianiste — ils se retrouveront le lendemain après-midi, chez Marcel.

Romaine devient la maîtresse de Marcel, et elle qui était partie pour une sorte de jeu, gai et futile, va connaître une passion folle pour l'ami de son mari — passion d'ailleurs partagée par Marcel, qui oublie pour une fois sa vie de voyageur et de conquérant de femmes. Cependant, Marcel doit repartir à l'étranger pour ses concerts, tandis que Romaine reprend sa vie monotone avec Pierre. Puis, subitement, ce dernier tombe malade, en proie à une faiblesse très étrange. Plus que Romaine, c'est la cousine de Pierre — Christiane, depuis longtemps amoureuse de lui — qui se presse à son chevet. Deux médecins se succèdent pour donner leur diagnostic; il semble que des médicaments aient été mélangés — à dessein ? — et cela provoque la disparition instantanée de Romaine. Celle-ci finit ses jours dans la Seine...

Quelques années plus tard, alors que Pierre s'est remis, remarié avec Christiane et a refait sa vie en Afrique, il voit une dernière fois son ami Marcel à Paris et lui demande le fin mot de l'histoire : Marcel prétend qu'il n'y a jamais rien eu entre Romaine et lui, mais Pierre a tout deviné.

Marcel Blanc (**André Dussollier**) a retrouvé son ami Pierre (**Pierre Arditi**) et sa femme Romaine.

MÉLO est une adaptation très fidèle d'une pièce d'Henry Bernstein, créée au Théâtre du Gymnase, à Paris, le 11 mars 1929 — avec Gaby Morlay dans le rôle de Romaine. L'actrice reprit d'ailleurs le rôle dans la première version cinématographique, réalisée par Paul Czinner en 1932 (avec Pierre Blanchar et Victor Francen dans les deux principaux rôles masculins). Alain Resnais déclara que, sensible au son et à la musique des mots, il avait toujours trouvé dans les textes de Bernstein « une mélodie particulière, rigoureuse malgré les apparences. »

C'était la troisième fois — après LA VIE EST UN ROMAN (1983) et L'AMOUR A MORT (1984) que Resnais réunissait le quatuor Azéma-Ardant-Arditi-Dussollier.

MÉLO valut à Sabine Azéma le César de la Meilleure Actrice et à Pierre Arditi celui du Meilleur Second Rôle masculin.

Romaine (**Sabine Azéma**) est devenue la maîtresse de Marcel.

Marcel et Pierre se sont connus au Conservatoire.

FICHE TECHNIQUE

Réalisation et scénario : **Alain RESNAIS**
D'après la pièce de : **Henry BERNSTEIN**
Directeur de la photographie : **Charlie VAN DAMME**
Musique : **Johannes BRAHMS, Jean-Sébastien BACH, PHILIPPE-GÉRARD**
Décors : **Jacques SAULNIER**
Costumes : **Catherine LETERRIER**
Production : **M.K.2/Films A2**
Distribution : **M.K.2 Diffusion**
Durée : **112 minutes**

INTERPRETATION

Sabine AZÉMA : Romaine Belcroix
André DUSSOLLIER : Marcel Blanc
Pierre ARDITI : Pierre Belcroix
Fanny ARDANT : Christiane Levesque
Jacques DACQMINE : Le docteur Rémy
Hubert GIGNOUX : Le prêtre
Catherine ARDITI : Yvonne

1963

Jean-Luc GODARD

LE MÉPRIS

Ce fut la première fois que Jean-Luc Godard, qui avait l'habitude d'improviser ses films au fur et à mesure, adapta un roman. « Le film est très différent du livre et il est pareil » précisa-t-il. Godard avait proposé à son producteur italien Carlo Ponti d'engager Kim Novak et Frank Sinatra. Carlo Ponti refusa. Il voulait Sophia Loren et Marcello Mastroianni. Finalement, Bardot et Piccoli firent l'affaire... avec Fritz Lang, parrain cinématographique dont l'assistant, dans le film, est joué par Godard lui-même.

De Bardot, Piccoli qui a consacré neuf pages au MÉPRIS dans son livre « Dialogues Égoïstes » (Éd. Olivier Orban) dit : « C'est une grande comédienne, mais dans la vie, elle se conduit comme une môme. »

Une fois le film terminé, Carlo Ponti ne trouva pas cette vision « suicidaire » de l'histoire d'un couple assez commerciale. Il demanda à Godard de rajouter une scène érotique avec Brigitte Bardot sans voiles. Godard tourna (avec Alain Levent comme opérateur) la fameuse scène du générique au cours de laquelle Brigitte décrivait son corps sous forme de questions :

— « Tu aimes mes yeux ?
— Oui.
— Tu aimes ma bouche ?
— Oui.
— Tu aimes mes seins ?
— Oui.
— Tu aimes mes fesses ?
— Oui.
— Alors tu m'aimes ?
— Oui.

Michel Piccoli devait retrouver Godard en 1982 pour PASSION.

Camille a rejoint à Cinecittà le producteur Jeremy Prokosh **(Jack Palance)**, son mari Paul et Fritz Lang.

L'HISTOIRE

À Rome, Fritz Lang tourne une adaptation de « L'Odyssée » pour un producteur américain, Jeremy Prokosh. On demande à Paul Javal, scénariste célèbre, de revenir travailler certaines scènes moyennant une rallonge financière. Ce dernier hésite. Pendant ce temps, Camille, qui est venue rejoindre son mari Paul dans la villa de Capri de Prokosh, fait des avances au producteur. Elle déclare bientôt à Paul qu'elle ne l'aime plus. Elle le méprise, lui reproche sa veulerie, et d'être prêt à prostituer son talent. Espérant regagner l'amour de sa femme, Paul refuse d'écrire le scénario. Mais Camille part avec Prokosh. Leur voiture s'écrase contre un camion. Ils sont tués tous les deux. Fritz Lang tourne son film.

Camille **(Brigitte Bardot)** et Paul **(Michel Piccoli)** se retrouvent à Capri.

FICHE TECHNIQUE

Réalisation, scénario et dialogues : **Jean-Luc GODARD**
D'après le roman de : **Alberto MORAVIA**
Directeur de la photographie : **Raoul COUTARD**
Musique : **Georges DELERUE**
Production : **Georges de BEAUREGARD - Rome-Paris Films (Paris)/Carlo PONTI - Films Concordia/Compagnia Cinematografica Champion (Rome)**
Distribution : **Marceau-Cocinor**
FRANCE - ITALIE. Durée : **103 minutes**

INTERPRETATION

Brigitte BARDOT : Camille Javal
Jack PALANCE : Jeremy Prokosh
Fritz LANG : Fritz Lang
Michel PICCOLI : Paul Javal
Georgia MOLL : Francesca Vanini
Jean-Luc GODARD : L'assistant-réalisateur

1934

Raymond BERNARD

LES MISÉRABLES

L'HISTOIRE

1 re époque - UNE TEMPÊTE SOUS UN CRÂNE. Jean Valjean, un ancien forçat, s'est refait une place dans la société sous le nom de M. Madeleine. Il s'intéresse à Fantine, une pauvre malheureuse, et à sa fille, la petite Cosette, placée chez un couple d'aubergistes, les Thénardier. Mais un policier inflexible, Javert, a l'œil sur lui et veut lui faire payer un vol qu'il a commis autrefois. La vérité sur son passé va-t-elle éclater ?

2 e époque - LES THÉNARDIER : Jean Valjean réussit à échapper à Javert. Il arrache Cosette aux ignobles Thénardier, qui la martyrisaient, et s'installe avec elle à Paris, sous le nom de M. Fauchelevent. Les années passent. Cosette grandit. Un étudiant, Marius Pontmercy, qui professe des idées subversives, tombe amoureux d'elle...

3 e époque - LIBERTÉ, LIBERTÉ CHÉRIE : Brouillé avec son grand-père, le royaliste Gillenormand, Marius est mêlé à une insurrection républicaine. Il est blessé sur une barricade, sur laquelle meurt le jeune Gavroche. Cosette, prévenue, supplie Jean Valjean de se porter à son secours. Ce dernier s'y rend et y sauve son vieil ennemi Javert. C'est le face-à-face final, qui se terminera par le pardon et le mariage de Cosette et de Marius.

Ancien forçat, Jean Valjean (**Harry Baur**) est contraint de se cacher sous diverses identités.

Les Thénardier (**Marguerite Moréno et Charles Dullin**).

Javert (**Charles Vanel**) face à Fantine (**Florelle**).

Gavroche (**Émile Genevois**) sur les barricades.

Le célèbre roman de Victor Hugo a fait l'objet de maintes adaptations à l'écran. Les plus connues sont : en France, celles d'Albert Capellani (1912, avec Henry Krauss et Mistinguett), d'Henri Fescourt (1925, en quatre époques, avec Gabriel Gabrio), de Jean-Paul Le Chanois (1958, avec Jean Gabin) et de Robert Hossein (1982, avec Lino Ventura) ; aux États-Unis, celles de Frank Lloyd (1917), de Richard Boleslavski (1935, avec Charles Laughton dans le rôle de Javert) et de Lewis Milestone (1952) ; en Italie, de Riccardo Freda (L'ÉVADÉ DU BAGNE, 1946). Seuls, semble-t-il, Henri Fescourt et Raymond Bernard ont su retrouver le « souffle » hugolien. Harry Baur, après Gabriel Gabrio, a campé un Jean Valjean inoubliable.

En raison de sa longueur, le film de Raymond Bernard fut présenté en version réduite (deux époques de 90 mn chacune).

Réalisation : **Raymond BERNARD**
Adaptation et dialogues : **Raymond BERNARD, André LANG**
D'après le roman de : **Victor HUGO**
Directeur de la photographie : **Jules KRUGER**
Musique : **Arthur HONEGGER**
Décors : **Jean PERRIER**
Costumes : **Paul COLIN**
Production : **Pathé-Natan**
Durée de la version intégrale : **290 minutes (3 époques)**

FICHE TECHNIQUE

Harry BAUR : Jean Valjean/M. Madeleine/Champmathieu/M. Fauchelevent
FLORELLE : Fantine
Charles VANEL : Javert
Henry KRAUSS : Monseigneur Myriel
Charles DULLIN : Thénardier
Marguerite MORÉNO : La Thénardier
Orane DEMAZIS : Éponine
Gaby TRIQUET : Cosette enfant
Josseline GAËL : Cosette jeune fille
Jean SERVAIS : Marius Pontmercy
Max DEARLY : Gillenormand
Émile GENEVOIS : Gavroche
Robert VIDALIN : Enjolras
Denise MELLOT : Azelma

INTERPRETATION

1989

Patrice LECONTE

MONSIEUR HIRE

Alice (**Sandrine Bonnaire**) se sait épiée.

Le solitaire Monsieur Hire (**Michel Blanc**) n'est aimé de personne.

Déjà, en 1946, Julien Duvivier avait adapté, sous le titre PANIQUE, le roman de Georges Simenon. « Les fiançailles de M. Hire », publié en 1933. Michel Simon y incarnait le tailleur et Viviane Romance, Alice. « J'ai adoré ce film et, souvent, je lançais comme une boutade : « Un jour je ferai un remake de PANIQUE ! », déclara Patrice Leconte. Pour que son film ne puisse être situé dans le temps ni dans l'espace, Patrice Leconte s'attacha à ce qu'on n'y voie ni voiture, ni publicité, ni appareil ménager et que les vêtements ne correspondent à aucune mode. « C'est devenu un sujet de plaisanterie sur le tournage, avec le décorateur ou l'accessoiriste qui, m'apportant le moindre objet, s'écriait : « Il est délicieusement intemporel ! ».

Le film fut présenté, en compétition, au Festival de Cannes 1989.

L'HISTOIRE

Personne n'aime monsieur Hire. « Vous êtes un drôle de type », lui déclare l'inspecteur qui enquête sur le meurtre d'une jeune fille. « Je ne suis pas liant », lui répond l'étrange petit homme, tailleur de son état, toujours strictement vêtu de noir et qui subit sans broncher les moqueries des enfants. Bien entendu, on soupçonne Monsieur Hire d'être l'assassin : il a tellement l'allure d'un coupable !

Monsieur Hire n'a pour meubler sa solitude, que ses souris blanches... et les masseuses expertes du sauna. Parfois, aussi, il va au bowling et éblouit l'assistance par son habileté : il est peut-être « quelqu'un »... Oui, mais autrefois, lui rappelle l'inspecteur qui le harcèle, il s'appelait Hirovitch et a fait de la prison pour attentat à la pudeur ! Le seul grand bonheur de Monsieur Hire, c'est de regarder vivre, par sa fenêtre, la jeune locataire de l'immeuble d'en face : elle est si belle ! Elle s'appelle Alice et a un amoureux, Émile : Monsieur Hire les regarde s'aimer... Un soir d'orage, un éclair illumine la fenêtre de l'autre côté de la cour et Alice voit enfin le visage blanc qui l'observe. Choquée, puis intriguée, la jeune fille va lier connaissance avec cet homme dont l'attention la flatte. Et puis, a-t-il vu, le soir du meurtre, Émile, couvert du sang de sa victime, se réfugier chez elle ?

« C'est agréable d'être regardée » lui dit-elle. Monsieur Hire est bouleversé. « Vous savez tout de moi ? » l'interroge-t-elle encore. Sans réponse, Alice accepte le rendez-vous au restaurant que lui a donné Monsieur Hire. Il lui dit tout de sa vie, de son amour pour elle, lui demande de l'accompagner en Suisse, où il a une maison. Plus tard, Alice rend son baiser à cet homme que l'amour transfigure et qui la traite comme elle ne l'a jamais été. Oui, il a tout vu, la nuit du crime, mais il ne dira rien : il l'aime et ne veut pas qu'elle soit accusée de complicité.

Hire a attendu en vain Alice sur le quai de la gare : elle ne viendra pas en Suisse avec lui. Lorsqu'il entre dans son appartement, il y trouve Alice et l'inspecteur. Celui-ci triomphe : il a découvert le sac de la morte, qu'Alice a glissé dans le tiroir d'une commode... « Je suis triste à en mourir » dit Monsieur Hire à Alice, puis il s'enfuit par l'escalier, monte sur le toit, glisse et tombe. Dans sa chute, il croise, une dernière fois, le regard d'Alice, derrière sa fenêtre.

Réalisation : **Patrice LECONTE**
Scénario, adaptation et dialogues : **Patrick DEWOLF, Patrice LECONTE**
D'après le roman « Les fiançailles de M. Hire » de : **Georges SIMENON**
Directeur de la photographie : **Denis LENOIR**
Musique : **Michael NYMAN, Johannes BRAHMS**
Décors : **Ivan MAUSSION**
Costumes : **Elisabeth TAVERNIER**
Production : **Philippe CARCASSONNE, René CLEITMAN - Cinéa/Hachette Première et Cie/Europe 1 Communication/FR3 Films Production**
Distribution : **U.G.C.**
Durée : **80 minutes**

FICHE TECHNIQUE

Alice dénoncera Hire à la police.

Michel BLANC : Monsieur Hire
Sandrine BONNAIRE : Alice
Luc THUILLIER : Émile
André WILMS : L'inspecteur
Philippe DORMOY : François
Marie GAYDU : La jeune fille
Et **Éric BÉRANGER, Manuelle BERTON**

INTERPRETATION

René CLÉMENT

MONSIEUR RIPOIS

André Ripois (**Gérard Philipe**) énumère ses conquêtes : Norah (**Joan Greenwood**)...

Voulant simuler une chute, Ripois tombera pour de bon.

L'HISTOIRE

Lasse des infidélités de son mari français, Catherine, une riche Anglaise, est partie à Edimbourg pour préparer son divorce. Pendant ce temps,. André Ripois, l'incorrigible séducteur, tente de séduire Patricia, l'amie de Catherine.

Sa stratégie consiste à l'apitoyer par le récit des principaux échecs sentimentaux de sa vie : il a connu l'enfer avec Anne, son chef de bureau, véritable adjudant au foyer. Son idylle avec Norah, jeune fille charmante mais trop possessive, s'est terminée rapidement. Au plus fort de sa détresse physique et morale, il s'est réfugié chez Marcelle, une prostituée. C'est en s'improvisant professeur de français qu'il a rencontré sa future femme. Or, ce mariage heureux et fortuné ne le comble pas...

Visiblement émue par cette confession, Patricia est prête à céder. L'irruption inopinée d'une charmante voisine de palier remet tout en question.

A bout d'arguments, Ripois simule un suicide, mais il tombe accidentellement dans le vide. Les deux femmes croient en sa sincérité et Catherine renonce au divorce.

Dans son fauteuil d'infirme. Ripois continue à suivre du regard les jolies femmes...

C'est Raymond Queneau qui conseilla à René Clément la lecture du roman de Louis Hémon. Cette coproduction franco-britannique fut tournée sur deux immenses plateaux des studios d'Elstree et dans les rues de Londres. Les prises de vues en extérieur se firent à l'insu des passants, avec une caméra dissimulée, ce qui permettait d'enraciner parfaitement la fiction dans un contexte réaliste proche du documentaire. Le script était prêt lorsque Gérard Philipe fut engagé, ce qui amena René Clément et Hugh Mills à modifier le texte initial en fonction de la personnalité et du tempérament du grand acteur français. On décida alors de tourner simultanément deux versions, en anglais et en français. En 13 semaines, Raymond Queneau écrivit de nouveaux dialogues français.

MONSIEUR RIPOIS, que Gérard Philipe considérait comme son meilleur rôle, obtint le Prix Spécial du Jury pour la mise en scène au Festival de Cannes 1954.

... Marcelle (**Germaine Montero**).

... sa femme Catherine (**Valerie Hobson**)...

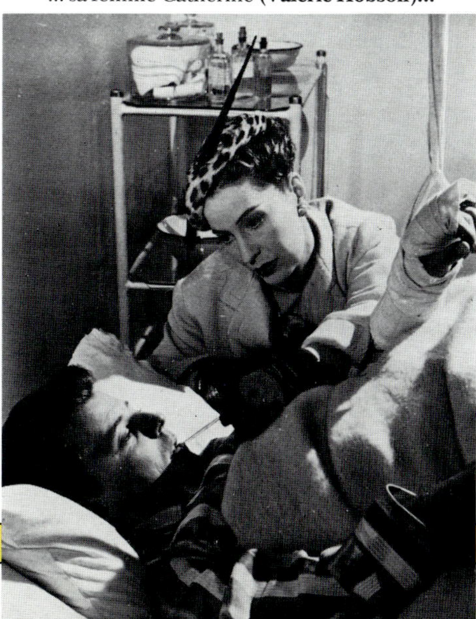

Réalisation et scénario : **René CLÉMENT**
Co-scénariste : **Hugh MILLS**
Dialogues : **Hugh MILLS, Raymond QUENEAU**
D'après « Monsieur Ripois et la Némésis » de : **Louis HÉMON**
Directeur de la photo : **Oswald MORRIS**
Caméraman : **Freddie FRANCIS**
Musique : **Roman VLAD**
Décors : **Ralph BRINTON**
Production : **Paul GRAETZ - Transcontinental Films**
FRANCE - GRANDE-BRETAGNE.
Durée : **100 minutes**

FICHE TECHNIQUE

Gérard PHILIPE : André Ripois
Valerie HOBSON : Catherine Ripois
Natasha PARRY : Patricia
Margaret JOHNSTON : Anne Trevor
Joan GREENWOOD : Norah
Germaine MONTÉRO : Marcelle
Diana DECKER : Diana
Percy MARMONT : Le père de Catherine
Eric POHLMANN : Le propriétaire de la maison
Bill SHINE : Le barman du pub
Monica McLEOD : L'infirmière
David COOTE : Richard
Richard HART : L'élève
Beryl COOK : La dactylo

INTERPRETATION

LA TRILOGIE DE PAGNOL

MARIUS. La célèbre partie de carte.
(De gauche à droite : César, Panisse, Escartefigue. De dos : M. Brun.)

MARIUS. Fanny et sa mère, Honorine.

FANNY. Le retour de Marius.

La trilogie de Pagnol : MARIUS, FANNY, CÉSAR, trois films qui n'en font qu'un dans le cœur des français. Le cinéma sonore né en même temps que MARIUS a permis de fixer des personnages devenus légendaires. La trilogie c'est aussi la rencontre miraculeuse de Pagnol et de Raimu dont Orson Welles disait qu'il était le plus grand acteur du monde.

FICHE TECHNIQUE

MARIUS

Réalisation : **Alexander KORDA**
Scénario et dialogues : **Marcel PAGNOL**
Directeur de la photographie : **Ted PAHLE, assisté de Zoltan KORDA.**
Décors : **Alfred JUNGE**
Musique : **Francis GROMON**
Production : **(Robert T. KANE) Paramount**
Durée : **130 minutes**

FANNY

Réalisation : **Marc ALLÉGRET**
Scénario et dialogues : **Marcel PAGNOL**
Directeur de la photographie : **Nicolas TOPORKOFF**
Décors : **Gabriel SCOGNAMILLO**
Script-girl : **« Bouchon » GOURDJI (Françoise GIROUD)**
Musique : **Vincent SCOTTO**
Montage : **Raymont LAMY**
Production : **Marcel PAGNOL Ets BRAUNBERGER-RICHEBÉ**
Durée : **142 minutes**

CÉSAR

Réalisation, scénario, dialogues : **Marcel PAGNOL**
Directeur de la photographie : **WILLY**
Décors : **Marius BROUQUIER**
Musique : **Vincent SCOTTO**
Production : **Films Marcel PAGNOL**
Durée : **160 minutes**

MARIUS. Fanny est amoureuse de Marius.
Mais il lui préfère une maîtresse exigeante : la mer !

L'HISTOIRE

MARIUS
1931 – Alexander KORDA

Sur le Vieux Port de Marseille, le « Bar de la Marine », tenu par le cafetier César, un veuf au franc-parler et au grand cœur, est un rendez-vous d'habitués, qui y disputent de mémorables parties de manille : le maître-voilier Panisse, le capitaine de ferry-boat Escartefigue, le vérificateur des douanes M. Brun... On trinque, on s'invective, on se fend la pipe ou le cœur entre amis de toujours. Tout en servant le pastis, Marius, le fils de César, rêve du grand large... Fanny, fille de la poissonnière Honorine, est amoureuse de lui. Elle ne pourra pas le retenir, et il s'embarquera un matin sur le « Malaisie », tandis que le vieux Panisse, qui la courtise en secret, attend son heure...

FANNY
1932 – Marc ALLÉGRET

Marius a quitté Marseille depuis plusieurs mois, laissant son père sans nouvelles — et Fanny enceinte. Honorine, par crainte du déshonneur, pousse sa fille à épouser Panisse, trop heureux de l'aubaine qui lui assure en outre une descendance inespérée. Fanny, la mort dans l'âme, se résigne au mariage, qui sera célébré en grande pompe. Sur ces entrefaites, Marius revient pour une brève escale. Il apprend la vérité, non sans déchirement. César intervient et, pour préserver l'avenir de l'enfant, persuade son fils de reprendre la mer.

FANNY. Le mariage de Panisse et Fanny.

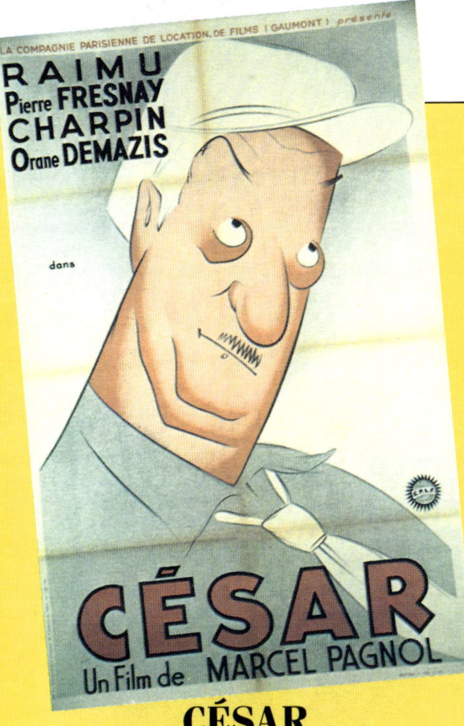

CÉSAR

1936 – Marcel PAGNOL

Panisse est mourant, Marius est de retour au pays et tient un garage à Toulon. Césariot, l'enfant de l'amour, a grandi dans la certitude que Panisse est son vrai père.

Fanny, devenue veuve, lui révèle la vérité. Bouleversé, le jeune homme part à la recherche de Marius, tandis qu'au « Bar de la Marine » les joueurs de manille ne sont plus que trois... Après bien des malentendus, la situation se dénouera enfin. Les torts partagés, le passé oublié, le destin assumé, Marius et Fanny, sous le regard paternel de César, pourront enfin vivre leur grand amour.

Représentée pour la première fois à Paris le 9 mars 1929, « Marius » (la pièce) avait remporté un vif succès, prolongeant celui que l'heureux auteur, Marcel Pagnol, avait connu l'année précédente avec « Topaze ». Robert T. Kane, directeur de la filiale française de Paramount, implantée aux studios de Joinville, proposa à Pagnol de l'adapter lui-même pour l'écran. Ce dernier réussit à imposer sa distribution — contre l'avis de Kane, qui souhaitait que le rôle de Marius fût tenu par Henri Garat ! La réalisation fut confiée à Alexander Korda, un Hongrois émigré (ce qui fit dire à Raimu furieux : « C'est un Tartare venu d'Olivoï qui va nous tirer la photographie ! »). Pagnol assura une discrète « supervision ».

Le triomphe à la scène de « Marius » incita Pagnol à écrire une suite, « Fanny », qui fut jouée pour la première fois au « Théâtre de Paris » le 5 décembre 1931, alors que le film MARIUS était déjà sur les écrans. La distribution avait un peu changé : Harry Baur jouait César et Berval Marius. La Paramount ayant cédé les droits d'adaptation cinématographique, Pagnol et Roger Richebé mirent en chantier FANNY avec une nouvelle équipe technique mais en respectant l'interprétation d'origine (à l'exception de Paul Dullac, qui fut remplacé par Auguste Mouriès dans le rôle d'Escartefigue). Le succès de FANNY dépassa encore celui de MARIUS. Seuls, les critiques firent la fine bouche, reprochant à Pagnol de se complaire dans les facilités du « théâtre filmé ».

Le troisième volet de la trilogie, CÉSAR, fut écrit directement pour l'écran et réalisé par Pagnol en personne (il s'était « fait la main » entre-temps avec JOFROI, ANGÈLE, MERLUSSE, etc.). Il fut secondé par ses techniciens favoris (l'opérateur Willy, le décorateur Brouquier...) et tourna le film dans ses propres studios. De nombreuses séquences furent faites en extérieurs, sur la côte des Lecques et à Toulon. Le cinéma avait définitivement supplanté le théâtre.

FANNY. Panisse, Honorine et le bébé.

CÉSAR. Le bébé, Césariot, a grandi.

MARIUS

RAIMU : César Olivier
Pierre FRESNAY : Son fils, Marius
Alida ROUFFE : Honorine Cabanis
Orane DEMAZIS : Sa fille, Fanny
Fernand CHARPIN : Honoré Panisse
Paul DULLAC : Félix Escartefigue
Robert VATTIER : Aldebert Brun
MAUPI : Innocent Mangiapan
Alexandre MIHALESCO : Piquoiseau

FANNY

Auguste MOURIÈS : Félix Escartefigue

CÉSAR

André FOUCHÉ : Césariot
Edouard DELMONT : Félicien
DOUMEL : Fernand
THOMMERAY : Elzéar
Jean CASTAN : L'enfant de chœur
Robert BASSAC : Pierre Dromard
RELLYS : L'employé de Panisse
CHARBLAY : Henri
Odette ROGER : La servante de l'hôtel

1955

CHRISTIAN-JAQUE

NANA

Nana se produit au Théâtre des Variétés.

L'HISTOIRE

Vedette du Théâtre des Variétés, Nana, par sa conduite scandaleuse, bouleverse la vie mondaine de Paris. Pour elle, le banquier Steiner a abandonné son amie, la chanteuse Rose Mignon, et dilapidé sa fortune. Après lui, Nana devient la maîtresse du comte Muffat, le chambellan de l'Empereur Napoléon III. Le comte délaisse son foyer à tel point que sa femme Sabine finit par le quitter. Tandis que Nana vient de se découvrir un nouveau soupirant : le duc de Vandeuvres, qui fait tout ce qui est en son pouvoir pour supplanter le comte Muffat dans le cœur de la courtisane. Effrayée soudain par les passions qu'elle suscite, Nana abandonne la vie parisienne et décide de vivre avec son ami et partenaire Fontan. Mais sa légèreté de mœurs finit par lasser le comédien, qui la chasse. Nana revient au comte Muffat, qui connaît quelques mois de bonheur en sa compagnie. Abandonnant tout espoir de posséder un jour celle qu'il aime éperdument et accablé de dettes, le duc de Vandeuvres se suicide au moment où Nana avait décidé de le rejoindre. Dans une crise de jalousie, le comte Muffat étrangle celle qui l'a conduit à la ruine et au désespoir.

Nombreux sont les hommes que Nana (**Martine Carol**) a séduit : le comte Muffat (**Charles Boyer**)...

Après Simone Renant et Renée Faure, Martine Carol devint, en juillet 1954, la troisième épouse de Christian-Jaque. Pour elle, le cinéaste avait entrepris une série de films dont elle était la vedette : LUCRÈCE BORGIA, un sketch de DESTINÉES, MADAME DU BARRY et pour finir NATHALIE. Le couple devait se séparer en 1959. Pour faire entrer la comédienne dans le personnage de NANA, l'adaptation gomma certains aspects excessifs et scandaleux de Zola : « Il m'était difficile de montrer à l'écran une femme aussi corrompue, s'excusa Christian-Jaque, et je voulais que Nana eût autre chose que sa bestialité pour attirer les hommes. C'est là principalement que réside le changement que j'ai fait subir à l'œuvre de Zola, ainsi que la fin sordide de Nana qui ne se justifiait plus (...) On n'adapte pas impunément une histoire aussi touffue, aussi violente, aussi grossière dans sa description d'un érotisme déchaîné, sans l'édulcorer un peu... ». (Propos rapporté dans « Travelling » n° 47, automne 1976, Cinémathèque Suisse).

... le banquier Steiner (**Noël Roquevert**)...

Réalisation et scénario : **CHRISTIAN-JAQUE**
Co-scénaristes : **Jean FERRY, Albert VALENTIN, Henri JEANSON**
D'après le roman de : **Émile ZOLA**
Dialogues : **Henri JEANSON**
Directeur de la photographie : **Christian MATRAS**
Musique : **Georges VAN PARYS**
Décors : **Robert GYS**
Costumes : **Marcel ESCOFFIER, Jean ZAY**
Production : **Les Films Jacques Roitfelld (Paris)/Cignó Films (Rome)**
Distribution : **Sirius**
FRANCE - ITALIE. Durée : **120 minutes**

FICHE TECHNIQUE

... et Bordenave (**Paul Frankeur**).

Martine CAROL : Nana
Charles BOYER : Le comte Muffat
Jacques CASTELOT : Le duc de Vandeuvres
Jean DEBUCOURT : Napoléon III
Walter CHIARI : Fontan
Noël ROQUEVERT : Steiner
Paul FRANKEUR : Bordenave
Pierre PALAU : Vénot
Jacques TARRIDE : Mignon
Paul AMIOT : Le commissaire
Marguerite PIERRY : Zoé
Dora DOLL : Rose Mignon
Daniel CECCALDI :
Le lieutenant Philippe Hugon

INTERPRETATION

1956

Jean DELANNOY

NOTRE-DAME DE PARIS

L'HISTOIRE

Paris, le jour de la fête des Fous, en 1482. Sur le parvis de Notre-Dame, la belle gitane Esmeralda danse et chacun, délaissant le « Mystère » de Pierre Gringoire, l'admire. Frollo, l'alchimiste, la contemple avidement, tandis que du haut des tours de la cathédrale, un être monstrueux, véritable gargouille vivante, le sonneur de cloches Quasimodo, fixe lui aussi de son œil unique la danseuse. Quasimodo est élu Pape des Fous mais, la nuit venue, sur l'ordre de Frollo, qui exerce sur lui une extraordinaire influence, il enlève Esmeralda alors qu'elle fait boire sa chèvre Djali. Ses appels au secours attirent le capitaine Phœbus, qui la délivre. Quasimodo, fouetté sur la place publique pour tentative d'enlèvement, est la risée de tous. Seule Esmeralda lui donne à boire.

Frollo, torturé par la jalousie, surveille Phœbus et le tue dans les bras d'Esmeralda, qui est accusée de meurtre. Il la laisse être torturée et condamnée à mort. Mais au moment où ses amis les truands vont la délivrer, Quasimodo l'enlève aux mains des bourreaux et l'emporte vers les tours de Notre-Dame, où elle bénéficie du droit d'asile. Il l'installe non loin de la cellule de Frollo, qui essaye vainement d'assouvir sa passion.

Tandis que le roi Louis XI a décidé d'outrepasser le droit d'asile, les truands donnent l'assaut à Notre-Dame. Quasimodo, croyant avoir affaire aux archers, défend tout seul la place en lançant des pierres et du plomb fondu. Les truands vont réussir à pénétrer dans la cathédrale, mais lorsque les archers interviennent, c'est la débâcle. Esmeralda, accourue au devant de ses libérateurs, est percée d'une flèche. Quasimodo précipite dans le vide son maître Frollo, responsable de la mort d'Esmeralda... Il ne lui reste plus qu'à s'étendre près du cadavre de son amour et à se laisser mourir.

Quasimodo **(Anthony Quinn)** est ébloui par la beauté d'Esmeralda **(Gina Lollobrigida).**

Esmeralda est soumise à la torture.

L'œuvre de Victor Hugo, publiée en 1831, a été portée de nombreuses fois à l'écran. La première version — LA ESMERALDA, 1905 — est due à Victorin Jasset. Stacia Napierkowska et Theda Bara interpréteront Esmeralda respectivement en 1911 et en 1916, tandis que Lon Chaney se grime en Quasimodo dans THE HUNCHBACK OF NOTRE-DAME, de Wallace Worsley (1923). William Dieterle signe la première version parlante en 1939 : QUASIMODO, avec Charles Laughton et Maureen O'HARA.

Le film de Jean Delannoy, énorme production et succès populaire, fut tourné en double version, française et anglaise. Il nécessita la construction d'un immense décor urbain comprenant une réplique de la cathédrale.

Esmeralda donne à boire à Quasimodo supplicié.

Réalisation : **Jean DELANNOY**
Adaptation et dialogues : **Jean AURENCHE, Jacques PRÉVERT**
D'après le roman de : **Victor HUGO**
Directeur de la photographie : **Michel KELBER,**
Musique : **Georges AURIC - Francesco LAVAGNINO**
Décors : **René RENOUX**
Chansons : **Georges AURIC, Jacques PRÉVERT**
Production : **Robert et Raymond HAKIM - Paris-Film-Production (Paris)/ Panitalia (Rome)**
Distribution : **Cocinor**
FRANCE-ITALIE. Durée : **100 minutes**

FICHE TECHNIQUE

Gina LOLLOBRIGIDA : Esmeralda
Anthony QUINN : Quasimodo
Jean DANET : Le capitaine Phœbus de Châteaupers
Alain CUNY : Claude Frollo
Robert HIRSCH : Pierre Gringoire
Danielle DUMONT : Fleur de Lys
Philippe CLAY : Clopin Trouillefou
Maurice SARFATI : Jehan Frollo
Jean TISSIER : Louis XI
Valentine TESSIER : Aloyse de Gondelaurier
Jacques DUFILHO : Guillaume Rousseau
Jacques HILLING : Charmolue
PIÉRAL : Le Nabot
Boris VIAN : Le cardinal de Paris
DAMIA : La chanteuse mendiante

INTERPRETATION

1988

Jean-Jacques ANNAUD

L'OURS

Le grand ours a pris sous sa protection le petit...

L'ourson apprend à pêcher.

Novembre 1981 : Jean-Jacques Annaud décide, avec Gérard Brach, d'adapter le roman de James Oliver Curwood. Décembre 1982 : le scénario est prêt. 1983 : Annaud recherche des extérieurs en Australie, Nouvelle-Zélande, aux États-Unis : il rencontre des ours et leurs dresseurs qui commencent l'entraînement. Puis, Annaud se consacre au NOM DE LA ROSE jusqu'à ce que, fin août 86, Claude Berri lui donne le feu vert pour L'OURS. Annaud mobilise alors ses dresseurs et conseillers animaliers et trouve ses extérieurs dans les Dolomites, où le tournage commence le 18 mai 1987 pour s'achever le 25 septembre. Des années de préparation, 109 jours de tournage, un budget de 140 millions, 900 000 abeilles, des grenouilles, des lézards, des ours de toutes tailles... et des millions de spectateurs !

L'OURS valut à Jean-Jacques Annaud le César du Meilleur Réalisateur et à Noëlle Boisson celui du Meilleur Montage.

Tom (**Tchéky Karyo**) face au grand ours.

Un puma menace l'ourson.

L'HISTOIRE

Une mère ourse a été écrasée sous un éboulis de terre et de rochers. Son petit a cherché à la dégager, en vain : épuisé, il s'est endormi tout contre elle et a fait un cauchemar. Au réveil, il lui faut apprendre à survivre ; mais il est tentant de jouer avec un papillon, de sauter derrière une grenouille ! Si seulement ce gros ours rencontré dans la montagne voulait bien le prendre sous sa protection ! Mais il ne veut rien entendre. L'ourson le suit à distance, acharné à le séduire.

Le grand ours est blessé par un chasseur qui court la montagne avec un compagnon. L'énorme animal gît, perdant son sang. Le petit s'approche, lèche ses plaies. Une amitié est née : désormais le grand et le petit ours sont inséparables... Sauf lorsque le mâle rencontre une femelle : l'ourson, discret, attend... Tom et Bill, les deux chasseurs, ont été rejoints par un troisième. Les deux chiens de celui-ci ont tôt fait de retrouver la trace des ours. Le grand fait face, s'échappe ; mais le petit est capturé, emporté au campement. Là, il gagne la sympathie de Tom, le plus jeune des chasseurs, qui lui fait découvrir les délices du lait concentré. Mais il doit aussi affronter l'animosité d'un chien; heureusement, la corde qui le retient est trop courte...

La poursuite a repris. Au détour d'un rocher, Tom se trouve « nez à nez » avec le grand ours qui, méprisant, tourne le dos et s'éloigne. Interloqué, Tom ne se résoud pas à tirer sur l'animal qui l'a épargné. Revenu au camp, il laisse partir l'ourson. Celui-ci court, à la recherche de son grand ami. C'est un terrible puma qu'il rencontre ! Miracle, le gros ours pousse son cri de guerre et le puma s'enfuit ! La vie est belle, à nouveau, pour le petit ourson.

Réalisation : **Jean-Jacques ANNAUD**
Scénario : **Gérard BRACH**
D'après le roman « The Grizzly King » de : **James Oliver CURWOOD**
Directeur de la photographie : **Philippe ROUSSELOT**
Réalisation des séquences d'animation : **Bretislav POJAR**
Musique : **Philippe SARDE**
Conseiller animalier : **Jean-Philippe VARIN**
Production : **Claude BERRI - Renn Productions**
Distribution : **A.M.L.F.**
Durée : **100 minutes**

FICHE TECHNIQUE

L'ours voit partir les chasseurs.

Tchéky KARYO : Tom
Jack WALLACE : Bill
André LACOMBE : Le chasseur aux chiens
et les ours mâles Bart, Doc, les femelles Griz, Bianca, le puma Check-Up et l'ourson La Douce et ses doublures Ben, Bunny, Gogol, Cadix, Cadence.

INTERPRETATION

1979

Eric ROHMER

PERCEVAL LE GALLOIS

“Perceval » est l'un des premiers romans français, dont Eric Rohmer n'a traduit en vers qu'une partie (l'œuvre est en effet composée de 9 000 vers, ce qui aurait donné un film de 6 heures). Le texte original développe en parallèle l'histoire de Perceval et de Gauvain alors que le film ne retient qu'un épisode de l'histoire de Gauvain.

Fabrice Luchini, qu'Eric Rohmer avait déjà dirigé dans LE GENOU DE CLAIRE (1970) et devait retrouver pour LES NUITS DE LA PLEINE LUNE (1984) et QUATRE AVENTURES DE REINETTE ET MIRABELLE (1987), travailla son rôle pendant une année, et les autres comédiens pendant six mois, ce qui permit un tournage assez rapide de huit semaines, tout en studio, dans des décors stylisés.

Le film fut présenté pour la première fois au Festival de Paris en 1978.

Dans le chœur figurent deux autres futures interprètes de Rohmer : Pascale Ogier (LES NUITS DE LA PLEINE LUNE) et Marie Rivière (LE RAYON VERT).

Gauvain (**André Dussollier**).

Perceval veut embrasser la Pucelle de la tente.

L'HISTOIRE

Ébloui par la rencontre de chevaliers, Perceval, un jeune garçon élevé à l'abri du monde, croit voir Dieu et ses anges. Il décide de se rendre à la cour du roi Arthur afin d'y être adoubé chevalier, en dépit du désespoir de sa mère. En chemin, il provoque la jalousie de l'Orgueilleux de la Lande, qui jure de le retrouver. A la cour du roi, Perceval tue un chevalier qui a insulté la reine. De Gornemant de Goort, il reçoit des conseils et est initié par lui au maniement des armes.

Dans la ville de Beaurepaire, Perceval défend les intérêts de Blanchefleur en repoussant les assaillants de Clamadieu des Iles. Perceval décide alors de retourner au château de sa mère. De la brume surgit un château. Un roi — le roi pêcheur — lui offre l'hospitalité. Le festin est interrompu par un étrange cérémonial : un jeune homme porte une lance qui saigne et une jeune fille une coupe : le « Graal ». Par discrétion, Perceval n'ose s'enquérir de la signification de cette procession. A son réveil, le château est vide. Il rencontre une créature hideuse qui lui reproche de ne pas avoir posé la question qui aurait guéri le roi infirme. Désormais, Perceval est condamné à errer et à ne retrouver le château de sa mère qu'après la mort de celle-ci. En poursuivant son voyage, il châtie l'Orgueilleux de la Lande. Ayant entendu vanter ses exploits, le roi Arthur décide de partir à la recherche de Perceval, qu'il trouble dans sa méditation et qui décline son invitation.

Cinq années passent. Perceval retrouve le château du Graal. Un Vendredi Saint, il apprend d'un ermite que tout son malheur vient du jour où il a quitté sa mère et du chagrin dont elle est morte.

A la cour du roi pêcheur (**Michel Etcheverry**), Perceval (**Fabrice Luchini**) voit apparaître le Graal.

La Pucelle aux petites manches (**Anne-Laure Meury**).

Réalisation et scénario : **Eric ROHMER**
D'après le roman de : **Chrétien de TROYES**
Directeur de la photographie : **Nestor ALMENDROS**
Musique (d'après des airs des XIIe et XIIIe siècles) : **Guy ROBERT**
Décors : **Jean-Pierre KOHUT-SVELKO**
Costumes : **Jacques SCHMIDT**
Production : **Barbet SCHROEDER - Les Films du Losange/FR3/ARD/SSR/RAI/Gaumont**
Distribution : **Gaumont FRANCE-SUISSE-ITALIE**
Durée : **138 minutes**

FICHE TECHNIQUE

Fabrice LUCHINI : Perceval le Gallois
André DUSSOLLIER : Gauvain
Marc EYRAUD : Le roi Arthur
Marie-Christine BARRAULT : La reine Guenièvre
Michel ETCHEVERRY : Le roi pêcheur
Jacques LE CARPENTIER : L'Orgueilleux de la Lande
Gérard FALCONETTI : Le sénéchal Ké
Arielle DOMBASLE : Blanchefleur
Raoul BILLEREY : Gornemant de Goort
Guy DELORME : Clamadieu des Iles
Anne-Laure MEURY : La Pucelle aux petites manches
Clémentine AMOUROUX : La Pucelle de la tente
Pascale de BOYSSON : La Veuve Dame

INTERPRETATION

1952

Max OPHULS

LE PLAISIR

Qui se cache sous LE MASQUE?

L'HISTOIRE

1 LE MASQUE - Ancien séducteur, un vieillard court les Palais de la Danse, son visage ridé couvert d'un masque de jeune homme ; victime d'une attaque en plein bal, il est ramené par un médecin chez son épouse résignée.

2 LA MAISON TELLIER - Des pensionnaires d'une maison close, sous la conduite de leur patronne, la digne Madame Tellier, sont invitées à une première communion à la campagne. Le silence champêtre, la ferveur des communiantes, le souvenir de leur enfance les plonge dans un bain de pureté et d'émotion, qui se communique à tout le village.

3 LE MODÈLE - Un couple de jeunes artistes s'aime à la folie... jusqu'au jour où la lassitude s'installe. Il s'enfuit, elle menace de se jeter par la fenêtre, il ne la croit pas, elle s'exécute... Pour réparer, il l'épouse, alors même qu'elle est paralysée à vie.

Un narrateur commente chacune de ces histoires et en tire la morale : si le plaisir est chose facile, le bonheur, assurément, n'est pas gai...

Ambroise, LE MASQUE **(Jean Galland)**, danse frénétiquement.

Ledentu **(Pierre Brasseur)** vend sa marchandise.

LA MAISON TELLIER à la campagne.

Mme Rosa **(Danielle Darrieux)**.

Ophuls adapta trois contes de Maupassant (à la place du « Modèle » était prévu « La femme de Paul », qui eût exigé une mise en scène trop coûteuse), les reliant par un commentaire off censé émaner de Maupassant lui-même (voix de Jean Servais). Le succès de LA RONDE avait incité les producteurs à lui commander un autre film à sketches : celui-ci fut, au contraire, un rude échec commercial.

LE PLAISIR, a dit Jean-Luc Godard, c'est « le romantisme allemand dans une porcelaine de Limoges » (les extérieurs ayant toutefois été tournés en Normandie).

Joséphine **(Simone Simon)** est LE MODÈLE de Jean **(Daniel Gélin)**.

FICHE TECHNIQUE

Réalisation et scénario : **Max OPHULS**
Co-scénariste : **Jacques NATANSON**
D'après trois contes de : **Guy de MAUPASSANT**
Dialogues : **Jacques NATANSON**
Directeurs de la photographie : **Christian MATRAS (1 et 2), Philippe AGOSTINI (3)**
Musique : **Joe HAJOS et Maurice YVAIN**
Sur des thèmes de : **Jacques OFFENBACH**
Production : **François HARISPURU, Ben BARKAY - Stera-Films/CCFC**
Distribution : **Columbia**
Durée : **95 minutes**

INTERPRETATION

1. Claude DAUPHIN : Le médecin
Jean GALLAND : Ambroise, « le Masque »
Gaby MORLAY : Denise, sa femme
Paul AZAÏS : Le patron du « Palais de la Danse »

2. Madeleine RENAUD : Mme Julia Tellier
Danielle DARRIEUX : Mme Rosa
Jean GABIN : Joseph Rivet, le paysan
Pierre BRASSEUR : Julien Ledentu, le commis-voyageur
Ginette LECLERC : Mme Flora, dite « Balançoire »
Paulette DUBOST : Mme Fernande
Mila PARÉLY : Mme Raphaële
Mathilde CASADESUS : Mme Louise, dite « Cocotte »
Louis SEIGNER : M. Tourneveau, le saleur de poisson
Jean MEYER : M. Dupuis, l'agent d'assurances
Marcel PÉRÈS : M. Duvert, l'armateur
Antoine BALPÊTRÉ : M. Poulin, l'ancien maire
Robert LOMBARD : M. Philippe, le fils du banquier
Henri CRÉMIEUX : M. Pimpesse, le percepteur

3. Daniel GÉLIN : Jean, le peintre
Simone SIMON : Joséphine
Jean SERVAIS : Le chroniqueur
Michel VADET : Un marin/un journaliste

1932

Julien DUVIVIER

POIL DE CAROTTE

Né le 24 mai 1921 Robert Lynen fut un « Poil de Carotte » sensible et bouleversant. Après avoir été l'interprète d'une douzaine de films : SANS FAMILLE (Marc Allégret, 1934) ; LA BELLE ÉQUIPE (Julien Duvivier, 1936) ; ÉDUCATION DE PRINCE (Alexandre Esway, 1938) ; LE PETIT CHOSE (Maurice Cloche, 1938), etc., il connut un destin particulièrement tragique : membre d'un réseau de Résistance, dans la région de Cassis, il fut emprisonné en 1943 et fusillé par les Allemands, à l'âge de vingt-trois ans, à la forteresse de Karlsruhe, le 1er avril 1944.

Pour cette version parlante, Julien Duvivier effectua des emprunts à d'autres œuvres de Jules Renard — comme « La bigote » (publiée en 1909). Signalons les trois autres versions cinématographiques : en 1926, une adaptation muette, déjà réalisée par Duvivier, avec André Heuzé (Poil de Carotte) et Henry Krauss (M. Lepic) ; en 1952, Paul Mesnier dirigeait Cri-Cri Simon (Poil de Carotte) et Raymond Souplex (M. Lepic) ; en 1973, c'était au tour d'Henri Graziani, avec Fançois Cohn (Poil de Carotte) et Philippe Noiret (M. Lepic).

L'HISTOIRE

François Lepic vient passer ses vacances chez ses parents, dans le Morvan. Agé de douze ans, doté de cheveux roux, le visage marqué de taches de rousseur, il est surnommé « Poil de Carotte ». Dernier né, il est détesté par sa mère, une femme tyrannique, qui réserve sa seule tendresse à son aîné, Félix, un garçon sournois et paresseux. « Poil de Carotte » souffre profondément de ne pas être aimé. Son père semble indifférent, préoccupé par les prochaines élections municipales. Il sera d'ailleurs élu maire du pays. Désespéré d'être tenu à l'écart, « Poil de Carotte » tente de se suicider à plusieurs reprises. La dernière fois, c'est l'arrivée de Mathilde, sa petite camarade, qui l'a retenu de se jeter dans l'étang. Mais, cette fois, il a décidé de se pendre dans le grenier... Heureusement, M. Lepic, prévenu, arrivera juste à temps pour décrocher le malheureux enfant. Pour la première fois, le père a une conversation avec son fils. Désormais, « Poil de Carotte » aura un défenseur contre sa mère.

Monsieur Lepic (**Harry Baur**) est arrivé à temps pour sauver son fils (**Robert Lynen**).

L'autoritaire Mme Lepic (**Catherine Fonteney**).

Le malheureux « Poil de Carotte » tente de se suicider.

Réalisation et adaptation : **Julien DUVIVIER**
D'après « Poil de Carotte » et « La bigote », de : **Jules RENARD**
Directeur de la photo : **Armand THIRARD**
Musique : **Alexandre TANSMAN**
Décors : **Lucien AGUETTAND, Eugène CARRÉ**
Production : **Vandal & Delac**
Durée : **80 minutes**

FICHE TECHNIQUE

Harry BAUR : Monsieur Lepic
Catherine FONTENEY : Madame Lepic
Robert LYNEN : François Lepic, dit « Poil de Carotte »
Christiane DOR : Annette
Simone AUBRY : Ernestine Lepic
Maxime FROMIOT : Félix Lepic
Colette SEGALL : Mathilde
Louis GAUTHIER : Le parrain
Marthe MARTY : Honorine
Jean et Claude BORELLI : Deux petits garçons
Colette BORELLI : Une petite fille

INTERPRETATION

1957

René CLAIR

PORTE DES LILAS

Juju (**Pierre Brasseur**) est une figure pittoresque du quartier de la Porte des Lilas.

L'HISTOIRE

Juju, qui aura bientôt la quarantaine, est un bon à rien. Il passe ses journées au bistrot ou chez son ami l'Artiste, un chanteur-guitariste. Le quartier de la Porte des Lilas, où ils habitent, est mis sens dessus dessous par la police, qui traque Barbier, un dangereux gangster. Or celui-ci a trouvé refuge chez l'Artiste, qui accepte de l'héberger en attendant qu'il puisse partir en toute sécurité. D'abord peu enthousiaste, Juju ne tarde pas à admirer Barbier qui représente ce qu'il n'a jamais eu : le succès, l'argent, les femmes... Juju fait tout pour satisfaire son nouveau héros. Il lui apporte les journaux, du linge propre, il ne se défend même pas lorsque Barbier le gifle parce qu'il ne lui a pas rapporté exactement ce qu'il lui avait demandé. Il ne proteste pas non plus quand le gangster fait la cour à Maria, la fille du bistrot, dont il est amoureux. Mais, au moment où Barbier va enfin partir, sans pourtant emmener Maria, qui a volé pour lui de l'argent dans le tiroir-caisse de son père, Juju se révolte. Il ne peut admettre que l'homme qu'il admire trahisse Maria. Il se collette avec lui, s'empare de sa mitraillette et le tue.

Juju veille sur Maria (**Dany Carrel**).

PORTE DES LILAS, tourné immédiatement après LES GRANDES MANŒUVRES, marqua un retour du réalisateur au noir et blanc. « J'avais besoin d'utiliser la profondeur de champ, déclara René Clair, car il y a des tas de choses que je voulais montrer et qui se trouvent à l'arrière-plan. La profondeur de champ est beaucoup moins bonne en couleurs qu'en noir et blanc » (in « Cinéma 57 »). La cité des Lilas fut reconstituée en studio par son décorateur attitré depuis LE SILENCE EST D'OR, Léon Barsacq, et ceci dans un souci de vérité. « Les techniciens de cinéma savent, précisa le réalisateur, qu'une rue construite de toutes pièces et artificiellement éclairée peut créer une impression de réalité plus frappante qu'une rue réelle dont la traduction photographique présente des contrastes excessifs ou arbitraires ». Ce film, qui devait initialement être réalisé par Philippe Agostini, fut l'un des projets les plus chers de Pierre Brasseur qui se passionna pour le personnage de Juju dès la lecture du roman de René Fallet. PORTE DES LILAS est l'unique film qu'ait tourné Georges Brassens.

Juju et l'Artiste (**Georges Brassens**).

Réalisation : **René CLAIR**
Scénario et dialogues :
René CLAIR, Jean AUREL
D'après le roman « La grande ceinture » de :
René FALLET
Directeur de la photo : **Robert LE FEBVRE**
Musique : **Georges BRASSENS**
Décors : **Léon BARSACQ**
Production : **Georges LOURAU, Robert GASCUEL - Filmsonor/Cinetel/Seca (Paris)/Rizzoli Film (Rome)**
Distribution : **Cinedis FRANCE-ITALIE.** Durée : **96 minutes**

FICHE TECHNIQUE

Pierre Barbier (**Henri Vidal**) se cache chez l'Artiste.

Pierre BRASSEUR : Juju
Georges BRASSENS : L'Artiste
Henri VIDAL : Pierre Barbier
Dany CARREL : Maria
Raymond BUSSIÈRES : Alphonse
Annette POIVRE : Nénette Cabatier
Gabrielle FONTAN : Madame Cabatier
Alice TISSOT : La concierge
Albert MICHEL : L'épicier
AMÉDÉE : Paulo
BUGETTE : Le brigadier
Gérard BUHR, Jacques MARIN : Les inspecteurs
Teddy BILIS : Le secrétaire du commissariat

INTERPRETATION

1957

Julien DUVIVIER

POT-BOUILLE

Octave Mouret (**Gérard Philipe**) va d'une femme à l'autre, de Berthe (**Dany Carrel**)...

L'HISTOIRE

1865. Octave Mouret, qui a le génie du commerce, arrive à Paris où ses amis les Compardon lui ont trouvé un emploi et une chambre. Il est premier commis au « Bonheur des Dames », magasin de frivolités tenu par Mme Hédouin. Il loge à l'étage des bonnes dans un vieil immeuble bourgeois qui appartient au vieux M. Vabre, dont les deux fils Auguste et Théophile dirigent un magasin concurrent, au rez-de-chaussée de l'immeuble. Leur sœur Clotilde, mariée à l'avocat Duveyrier, occupe également un appartement dans la maison.

Octave va de conquêtes en aventures galantes mais Mme Josserand, qui essaye de marier sa fille cadette Berthe, ne cesse de tourner autour d'Octave, jusqu'au jour où elle découvre qu'il n'envisage pas d'aller jusqu'au mariage. Berthe deviendra Mme Auguste Vabre, mais elle rejoindra Octave, dont elle est éprise, dans sa chambre de bonne, lors du voyage hebdomadaire de son mari. Grisé par ses succès féminins, Octave tente de séduire Mme Hédouin, qui le repousse par fidélité à son mari malade. Il la quitte pour le magasin Vabre. Lorsque M. Vabre meurt, Auguste découvre avec horreur que son père a dilapidé sa fortune. Octave se désintéresse de Berthe depuis le jour où Auguste les a surpris... Il épousera Mme Hédouin, dont le mari vient de mourir.

... à Caroline (**Danielle Darrieux**)...

“POT-BOUILLE» raconte les débuts d'Octave Mouret. «Au bonheur des dames» le verra créer les fameux grands magasins. Or dès 1929, Duvivier s'intéressait à ce personnage puisqu'il portait déjà à l'écran AU BONHEUR DES DAMES. Le rôle de Mouret était alors tenu par Pierre de Guingand.

Duvivier et Jeanson avaient imaginé et tourné une fin différente (qui fut finalement coupée par les producteurs), dans laquelle Maître Duveyrier prononçait une plaidoirie et, en exaltant les vertus bourgeoises, remettait en scène toute l'histoire. Quant au frère d'Octave Mouret, ecclésiastique de son état, c'est Georges Franju qui portera son histoire à l'écran dans LA FAUTE DE L'ABBÉ MOURET, avec Francis Huster.

en passant par Marie (**Anouk Aimée**).

Réalisation et scénario : **Julien DUVIVIER**
Co-scénaristes : **Léo JOANNON, Henri JEANSON**
D'après le roman de : **Émile ZOLA**
Dialogues : **Henri JEANSON**
Directeur de la photographie : **Michel KELBER**
Musique : **Jean WIENER**
Décors : **Léon BARSACQ**
Production : **Robert et Raymond HAKIM - Paris-Film-Production**
Distribution : **C.C.F.C.**
Durée : **115 minutes**

FICHE TECHNIQUE

Gérard PHILIPE : Octave Mouret
Danielle DARRIEUX : Caroline Hédouin
Dany CARREL : Berthe Josserand
Jacques DUBY : Auguste Vabre
Anouk AIMÉE : Marie Pichon
Olivier HUSSENOT : M. Josserand
Jane MARKEN : Madame Josserand
Henri VILBERT : L'oncle Bachelard
Claude NOLLIER : Clotilde Duveyrier
Jean BROCHARD : Maître Duveyrier
Danielle DUMONT : Hortense Josserand
Jacques GRELLO : Théophile Vabre
Micheline LUCCIONI : Valérie Vabre
Georges CUSIN : Compardon

INTERPRETATION

1961

Jean DELANNOY

LA PRINCESSE DE CLÈVES

La princesse éprouve pour le duc de Nemours (**Jean-François Poron**) un amour platonique.

La princesse de Clèves (**Marina Vlady**) a juré de rester fidèle à son mari (**Jean Marais**).

Réalisation : **Jean DELANNOY**
Scénario, adaptation et dialogues : **Jean COCTEAU**
D'après le roman de : **Madame de LA FAYETTE**
Directeur de la photographie : **Henri ALEKAN**
Musique : **Georges AURIC**
Décors : **René RENOUX**
Production : **Robert DORFMANN - Cinetel/Silver Films (Paris)/Produzione « Méditerranée »/Enalpa Films (Rome)**
FRANCE-ITALIE. Durée : **115 minutes**

Marina VLADY : La princesse de Clèves
Jean MARAIS : Le prince de Clèves
Jean-François PORON : Le duc de Nemours
Léa PADOVANI : La reine Catherine de Médicis
Raymond GÉROME : Le roi Henri II
PIÉRAL : Le bouffon Chastelard
Annie DUCAUX : Diane de Poitiers
Renée-Marie POTET : La dauphine Marie Stuart
Henri PIEGAY : Le vidame de Chartres
Alain FÉRAL : Le dauphin/François II
Ivan DOMINIQUE : Le chevalier de Guise
Léa GRAY : Madame de Mercœur
Hubert de LAPPARENT : Ambroise Paré

FICHE TECHNIQUE INTERPRETATION

L'HISTOIRE

Un soir de bal à la cour d'Henri II : des amours naissent et meurent. C'est la reine Catherine de Médicis, courtisée par le vidame de Chartres, et follement jalouse de Diane de Poitiers, maîtresse du roi. C'est la dauphine, mal mariée à un gringalet somnolent, qui guette l'arrivée du duc de Nemours, qu'elle aime en secret. C'est encore cette union, qui fait tant jaser, d'un prince de Clèves vieillissant et de sa jeune et si belle épouse. C'est enfin ce coup de foudre qui frappe en secret Nemours et la princesse lorsque le hasard, un jeu, les fait danser ensemble.

Clèves adore sa femme: la princesse lui a juré fidélité et ne sera pas parjure. Sa passion pour le duc s'exprimera à la faveur d'incidents futiles en apparence, mais lourds de sens : des écharpes échangées, une déclaration d'amour rédigée en commun pour le compte de Chartres et de la dauphine, compromis par une lettre retrouvée par le perfide bouffon du roi.

A la cour, le moindre bruit est colporté : que la princesse a un amant, le duc une maîtresse. Une nuit, n'en pouvant plus, Nemours s'introduit dans la chambre de sa bien-aimée. Elle n'y est pas... Pourtant, le bouffon, qui a tout observé, rapporte la scène à Clèves. Foudroyé, le prince s'éteint, convaincu d'avoir été trahi.

Henri II périt lors d'un tournoi : Catherine chasse Diane. Devenue reine, la dauphine se venge de Nemours en lui affirmant que la princesse, en deuil, refuse de le voir. Pourtant, de Chartres ménage une rencontre entre les deux jeunes gens qui se disent enfin leur amour. Puis la princesse retourne à sa solitude. Et lorsque, malade, elle appelle Nemours à son chevet, celui-ci accourt : la princesse est morte.

Delannoy et Cocteau avaient eu l'idée d'adapter le roman de Madame de La Fayette en 1944. Ils avaient alors pensé confier à Jean Marais le rôle de Nemours et à Danielle Darrieux et Alain Cuny ceux des Clèves. « Mais la fin de la guerre est arrivée et, avec elle, les jeeps et les films américains. Plus question de « Princesse de Clèves ». Dix-sept ans après, à l'époque des blousons noirs, (...) au moment où intervenait la Nouvelle Vague dans un réalisme bien opposé, j'ai pensé qu'il y avait place aussi pour mon film. Je voulais faire une recherche picturale, absolument nécessaire aux sentiments exprimés, à la fois subtils et extraordinairement guindés, chez ces personnages engoncés dans leurs fraises espagnoles. (« Jean Delannoy », Editions Dujarric, 1985).

Marcel PAGNOL

REGAIN

L'HISTOIRE

Aubignane est un village perdu de la montagne de Lure, qui se meurt. Ses derniers habitants sont Panturle le braconnier et la Mamèche, une vieille Piémontaise un peu folle. Celle-ci suggère à Panturle de chercher femme afin de redonner vie à ces ruines. Sur ces entrefaites, arrivent de la plaine Arsule, une misérable fille de théâtre, et son protecteur Gédémus, le rémouleur itinérant. Grâce aux sortilèges de la Mamèche, la rencontre entre Panturle et Arsule a lieu, en pleine nuit. La fille abandonne volontiers l'égoïste Gédémus et s'installe avec son nouveau compagnon.

Des amis de villages voisins viennent en aide au couple : les uns leur prêtent du froment, un autre le soc de charrue qui est son seul bien sur terre. Et tandis que la Mamèche meurt déchiquetée par des oiseaux de proie, la face contre terre, Panturle et Arsule, unis par leur amour et leur ardeur au travail, vont enfin régénérer ce sol aride.

La Mamèche (**Marguerite Moréno**) conseille à Panturle (**Gabriel Gabrio**) de prendre femme.

Tel que l'avait décrit Giono dans son livre, Aubignane (Redortiers) était à peu près inaccessible par les caméras. Pagnol décida de reconstruire entièrement, pierre par pierre, sur la colline Saint-Esprit du Massif d'Eourres où déjà ANGÈLE avait été tourné, un village... en ruines ! Maçons, carriers, charpentiers et jusqu'au compositeur Arthur Honegger, qui s'était rendu sur les lieux pour suivre le tournage, tout le monde se passionna pour cette tâche peu banale. L'église elle-même (que l'on ne fait qu'apercevoir dans le film) fut reconstruite avec tellement de soin qu'un prêtre des environs s'y trompa et voulut venir y célébrer la messe ! On appela à l'époque ce complexe insolite le village Pagnol, ou « village des poètes ». Des vestiges en subsistent encore aujourd'hui.

On retrouve dans REGAIN (qui devait d'abord s'intituler ARSULE) plusieurs des interprètes d'ANGÈLE : Orane Demazis, Fernandel, Delmont, Henri Poupon. Seuls, Marguerite Moréno et Gabriel Gabrio furent des éléments « rapportés » : ils s'intègrent cependant avec aisance à l'univers de Pagnol.

L'amour naît entre Panturle et Arsule (**Orane Demazis**).

Gédémus face au gendarme (**Robert Le Vigan**).

Urbain Gédémus (**Fernandel**).

Réalisation, scénario, dialogues et production : **Marcel PAGNOL**
D'après le roman de : **Jean GIONO**
Directeur de la photographie : **WILLY**
Décors : **Marius BROUQUIER, René PAOLETTI**
Musique : **Arthur HONEGGER**
Production et distribution : **Films Marcel Pagnol**
Durée : **150 minutes**

FICHE TECHNIQUE

Gabriel GABRIO : Panturle
Orane DEMAZIS : Arsule
Marguerite MORÉNO : La Mamèche
FERNANDEL : Urbain Gédémus
Robert LE VIGAN : Le brigadier de gendarmerie
Henri POUPON : L'amoureux
Odette ROGER : Alphonsine
Milly MATHIS : Belline
Édouard DELMONT : Le père Gaubert
Charles BLAVETTE : Jasmin
Paul DULLAC : M. Astruc
LOUISARD : Le garde-champêtre
CHARBLAY : Le boucher
Mme CHABERT : La Martine
Jean CASTAN : Jérémie
Louis GAY : Balthazar
Robert BASSAC : Le percepteur
Olive PIERRE : L'oncle Joseph
Albert SPANNA : Le cocher
Louis CHAIX : Le bucheron

INTERPRETATION

1967

Jacques RIVETTE

LA RELIGIEUSE

Suzanne Simonin (**Anna Karina**), au couvent d'Arpajon, avec Mme de Chelles (**Liselotte Pulver**).

L'HISTOIRE

Les deux sœurs de Suzanne Simonin ont été richement dotées. Leur père n'a plus les moyens d'en faire autant pour Suzanne qui, de plus, n'est pas sa fille. La solution, au XVIIIe siècle, était simple, expéditive : mettre l'enfant mal-aimée au couvent. Suzanne refuse de prononcer ses vœux, mais nul ne l'entend et elle se retrouve, contre son gré, au couvent de Longchamp que dirige Mme de Moni. Cette dernière convainc la jeune fille d'accepter son destin et de prononcer ses vœux. Mais, après la mort de la Supérieure, Mère Sainte-Christine impose une discipline de fer. Elle enferme Suzanne dans sa cellule et, pour faire échec à sa tentative de résiliation de ses vœux, affirme qu'elle est possédée du démon.

Innocentée, Suzanne est transférée au couvent d'Arpajon, où règne une totale liberté instaurée par la supérieure, Mme de Chelles. Celle-ci s'intéresse beaucoup à Suzanne qui, pour échapper aux avances particulières de la religieuse, s'enfuit avec la complicité du père Morel. Recueillie d'abord par des paysans, puis devenue blanchisseuse, la jeune fille échoue enfin dans une « maison ». Pour fuir une dernière fois son destin, Suzanne se jette par une fenêtre.

Dès 1962, le scénario du film est proposé à la Commission de Précensure qui répond au producteur, Georges de Beauregard, que l'œuvre terminée risque d'être totalement interdite. Même réponse en 1963. En 1965, une troisième version est acceptée, mais avec la réserve que le film risque d'être interdit aux moins de dix-huit ans. En septembre 1965, malgré ce risque, le tournage commence. C'est alors que l'Union des Supérieures Majeures, les Associations de Parents d'Élèves des Écoles Libres, les représentantes des 120.000 religieuses françaises interviennent auprès des pouvoirs publics pour obtenir l'interdiction totale d'une œuvre qui « diffame et travestit la vie religieuse ». Alain Peyrefitte d'abord, Maurice Papon ensuite, Yvon Bourges enfin, se saisissent de l'affaire et soutiennent le point de vue des partisans de la censure. Celle-ci est prononcée, totale, le 1er avril 1966, par M. Bourges, alors secrétaire d'État à l'Information, malgré l'avis de la Commission qui préconise l'interdiction aux moins de dix-huit ans d'un film qui s'appelle maintenant SUZANNE SIMONIN, LA RELIGIEUSE DE DIDEROT. Cette décision soulève l'indignation des milieux culturels. Le film est présenté au Festival de Cannes 1966. Ce n'est que le 6 juillet 1967 que le ministre, Georges Gorse, octroiera son visa au film qui remportera un gros succès commercial.

Mme de Chelles s'intéresse à Suzanne.

Suzanne (**Anna Karina**) refuse d'être religieuse.

FICHE TECHNIQUE

Réalisation : **Jacques RIVETTE**
Scénario et adaptation : **Jacques RIVETTE, Jean GRUAULT**
D'après « La Religieuse » de : **Denis DIDEROT**
Directeur de la photographie : **Alain LEVENT**
Musique : **Jean-Claude ELOY**
Décors : **Jean-Jacques FABRE**
Costumes : **Gitt MAGRINI**
Production : **Georges de BEAUREGARD - Rome Paris Films/Sté Nlle de Cinématographie**
Distribution : **Impéria**
Durée : **140 minutes**

INTERPRETATION

Anna KARINA : Suzanne Simonin
Liselotte PULVER : Madame de Chelles
Micheline PRESLE : Madame de Moni
Francine BERGÉ : Mère Sainte-Christine
Christiane LENIER : Madame Simonin
Francisco RABAL : Dom Morel
Wolfgang REICHMANN : Le père Lemoine
Catherine DIAMANT : Sœur Sainte-Cécile
Yori BERTIN : Sœur Sainte-Thérèse
et Jean MARTIN, Annick MORICE, Michel DELAHAYE

1953

Alexandre ASTRUC

LE RIDEAU CRAMOISI

Romancier, critique et inventeur de la « caméra-stylo », Alexandre Astruc, reçut le Prix spécial du jury au festival de Cannes 1952, le prix Louis-Delluc, la même année, et le grand prix féminin du cinéma en 1953 pour ce film, le premier réalisé par lui dans des conditions professionnelles, mais ses débuts de cinéaste remontaient à 1948 avec deux courts métrages en 16 mm : ALLER-RETOUR et ULYSSE ET LES MAUVAISES RENCONTRES.

Tourné dans l'hôtel particulier de la Schola Cantorum, rue St-Jacques à Paris, le RIDEAU CRAMOISI demeure le meilleur souvenir artistique de Jean-Claude Pascal, son interprète principal qui le fit à son retour d'Italie, où il venait de tenir un rôle dans LES QUATRE ROSES ROUGES. En revanche, bien que devenu un classique du genre, il n'éveille guère d'intérêt chez son auteur qui le considère, à la différence des films qu'il tourna par la suite (LES MAUVAISES RENCONTRES, UNE VIE et L'ÉDUCATION SENTIMENTALE, pour s'en tenir à ce domaine d'adaptation) comme une simple transposition de la littérature au cinéma, auquel s'ajoute le regret d'avoir utilisé le principe du commentaire sur des images muettes.

Jean-Claude Pascal et Anouk Aimée furent à nouveau partenaires trois ans plus tard sous la direction d'Astruc pour LES MAUVAISES RENCONTRES.

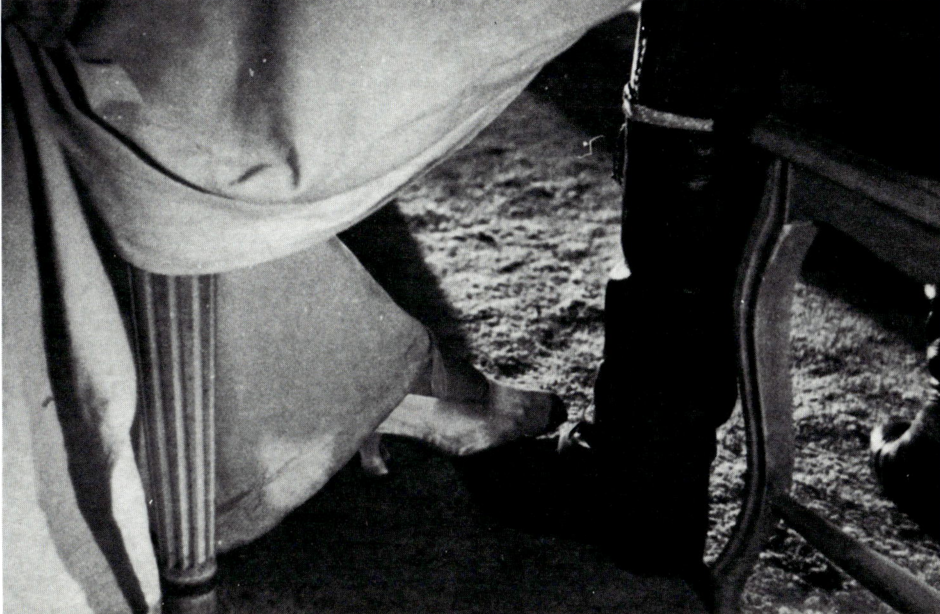

Pendant un repas, Albertine presse son pied contre la botte de l'officier...

L'HISTOIRE

Au début du XIXe siècle, nouvellement promu dans une petite garnison de province, un jeune officier vient loger chez des bourgeois, aussi ternes que silencieux, et partage leur repas, dont le cérémonial distille l'ennui le plus profond.

Un soir, il remarque, à la table familiale, une jeune et jolie personne, dont l'existence lui était insoupçonnée : c'est Albertine, la fille de ses logeurs, revenue vivre parmi les siens après quelques temps passés en pension. Elle n'a pour lui qu'une indifférence de bonne éducation.

Mais un soir, au cours d'un repas, la jeune fille, sans laisser paraître le moindre trouble, se saisit d'autorité de la main du jeune officier avant de presser son pied contre sa botte. Les parents, occupés à manger, ne se sont rendus compte de rien. Étonné autant que ravi, l'officier, resté seul dans sa chambre comme à l'accoutumée, s'interroge sur la personnalité réelle de cette jeune femme, mélancolique et réservée, avant de se décider à lui écrire un billet doux. Le lendemain soir, il a la surprise de constater qu'elle a changé de place. Pendant plusieurs jours, ostensiblement, elle lui manifeste la même indifférence, faisant naître en lui un violent désir.

Une nuit, furtivement, elle vient le rejoindre dans sa chambre et se donne à lui sans un mot d'explication. Pendant six mois, chaque nuit, ils vont s'aimer avec la même intensité. C'est alors que survient un malheur. D'une façon inexplicable, Albertine vient mourir dans les bras du bel officier. Celui-ci, affolé et désireux d'échapper au scandale, prend la fuite comme lui a suggéré un ami colonel.

Albertine **(Anouk Aimée)** est-elle réservée ou audacieuse ?

L'officier **(Jean-Claude Pascal).**

FICHE TECHNIQUE

Réalisation, scénario et dialogues : **Alexandre ASTRUC**
D'après la nouvelle tirée des « Diaboliques » de : **Barbey d'AUREVILLY**
Directeur de la photographie : **Eugen SHUFFTAN**
Musique : **Jean-Jacques GRUNENWALD**
Décors et costumes : **Antoine MAYO, Marcelle DESVIGNES**
Production : **Anatole DAUMAN, Sammy HALFON - Argos Films/Como Films**
Distribution : **Agence Générale de Distribution Cinématographique**
Durée : **45 minutes**

INTERPRETATION

Anouk AIMÉE : Albertine
Jean-Claude PASCAL : L'officier
Marguerite GARCIA : La mère
Jim GÉRALD : Le père
Yves FURET : Le récitant

1948

Pierre BILLON

RUY BLAS

L'HISTOIRE

En 1695, sur la route de Madrid, une bande de brigands a capturé le duc d'Albe, qu'accompagnait Ruy Blas, un étudiant. Celui-ci est chargé de porter à Don Salluste, ministre de la police, la demande de rançon. Or, Ruy Blas est le sosie du chef de la bande, Zafari, qui n'est autre que Don César de Bazan, cousin du ministre. Ce dernier est en disgrâce à la cour : la reine Marie l'a condamné à l'exil. Don Salluste voit le parti à tirer de la ressemblance entre Ruy Blas et son cousin. Il annonce à la cour que Don César — en réalité Ruy Blas — vient d'arriver des Indes, puis il encourage le jeune homme — amoureux de la reine qu'il a connue en Allemagne, où elle est née — à séduire la souveraine. Après avoir envoyé le vrai Don César aux galères et remis ses pouvoirs à Santa Cruz, un complice, Salluste n'a plus qu'à attendre l'heure de sa vengeance : le déshonneur de la reine.

Son plan se déroule comme prévu. La reine, prisonnière de l'étiquette imposée avec rigueur par la duchesse d'Albuquerque, devient la maîtresse de ce jeune homme qu'elle prend pour un noble. Elle facilite son accession au sommet de la hiérarchie du royaume et Don César/Ruy Blas utilise son pouvoir au service d'une Espagne mise en coupe réglée par des ministres sans scrupules.

Le moment est venu pour Salluste de précipiter la conclusion de son plan. De retour à Madrid, il accuse Ruy Blas de l'assassinat de Don Guritan — c'est le vrai Don César, revenu des galères, qui l'a tué — et ménage une rencontre-piège entre les deux amants aux fins de démasquer la reine. Ruy Blas avoue à celle-ci sa véritable identité et tue Salluste. Persuadé que Marie ne pourra lui pardonner sa forfaiture, Ruy Blas avale un poison et meurt dans les bras de sa bien-aimée.

Salluste va trahir Don César (**Jean Marais**).

Jean Marais raconta quelques-unes des périlleuses cascades qu'il tint à effectuer lui-même durant le tournage : traverser un vitrail suspendu à un lustre, monter à cheval sans étriers et, surtout, descendre à la nage un torrent. Le pompier engagé pour lui servir de doublure pendant les répétitions refusa de plonger dans les eaux furieuses et il fut alors décidé de tourner avec Marais. Celui-ci, roulé par les flots, se retrouva coincé dans un trou de rocher, pieds en l'air, tête en bas. Évidemment, la caméra l'avait perdu et l'acteur dut faire appel à ses réserves d'énergie pour sortir du piège liquide, agrippé à une corde lancée par des techniciens. Et il fallut recommencer la scène trois fois !

Ruy Blas (**Jean Marais**) se fait passer pour Don César de Bazan auprès de la reine (**Danielle Darrieux**).

Ruy Blas tue Salluste (**Marcel Herrand**).

Réalisation : **Pierre BILLON**
Scénario et dialogues : **Jean COCTEAU**
D'après la pièce de : **Victor HUGO**
Directeur de la photo : **Michel KELBER**
Musique : **Georges AURIC**
Décors : **Georges WAKHÉVITCH**
Production : **André PAULVÉ, Georges LEGRAND**
Durée : **93 minutes**

FICHE TECHNIQUE

Jean MARAIS : Ruy Blas/Don César de Bazan
Danielle DARRIEUX : La reine Marie d'Espagne
Marcel HERRAND : Don Salluste de Bazan
Gabrielle DORZIAT : La duchesse d'Albuquerque
Ione SALINAS : Casilda
Armand LURVILLE : L'archevêque
Gilles QUÉANT : Le duc d'Albe
Giovanni GRASSO : Don Guritan
Paul AMIOT : Le marquis de Santa Cruz
Alexandre RIGNAULT : Goulatromba
Charles LEMONTIER : Le comte de Camporeal
Pierre MAGNIER : Le marquis de Priego

INTERPRETATION

Jean-Pierre MELVILLE

LE SILENCE DE LA MER

Le livre de Vercors (1902-1991) parut clandestinement aux Éditions de Minuit en 1914. De même, le premier film de Jean-Pierre Melville fut un film clandestin. Pas d'autorisation de la part du Centre du Cinéma. Une équipe technique réduite au minimum. Une pellicule achetée au marché noir. « C'était la première fois qu'on tournait un film de fiction avec des acteurs dans des décors naturels, la première fois qu'on essayait d'ébranler les structures syndicales, omniprésentes et dictatoriales, du système de production français, voire même mondial... » (Jean-Pierre Melville, in « Le Cinéma selon Melville » par Rui Nogueira — Éd. Seghers, 1973).

LE SILENCE DE LA MER fut tourné en extérieurs entre août et décembre 1947 (27 jours de tournage). Il fut présenté en projection privée le 11 novembre 1948, mais la première présentation publique n'eut lieu que le 22 avril 1949, à Paris. C'était, dix ans auparavant, un film réalisé dans les conditions prônées par François Truffaut pour la « Nouvelle Vague ».

Le film eut un grand succès et c'est après l'avoir vu que Jean Cocteau, enthousiasmé, téléphona à Melville pour lui demander de porter à l'écran LES ENFANTS TERRIBLES. On a retrouvé Howard Vernon en 1991 dans DELICATESSEN sous les traits du sordide Monsieur Potin.

Werner von Ebrennac (**Howard Vernon**) s'est installé chez deux Français devenus silencieux.

Toujours impassible,
la nièce (**Nicole Stéphane**) croise l'officier.

L'HISTOIRE

Sous l'Occupation, dans une petite ville de province, un officier allemand, Werner von Ebrennac, s'installe dans une maison occupée par un vieil homme et sa nièce, et réquisitionnée par la Kommandantur. L'officier, féru de culture française et partisan d'un rapprochement entre les deux peuples, aime venir chaque soir leur parler, mais pendant des mois, les hôtes opposent à leur locataire forcé un inébranlable silence. Il croit sincèrement à une collaboration franco-allemande mais, lors d'une permission à Paris, découvre qu'il s'agit d'un mythe entretenu par les Nazis. Il se porte alors volontaire pour le front russe et quitte l'oncle et la nièce, leur demandant poliment d'oublier ses déclarations. Au moment du départ, la jeune fille, qui n'était pas insensible à ses paroles, lui murmure enfin : « Adieu ».

L'oncle (**Jean-Marie Robain**).

Réalisation, scénario, dialogues, montage et production : **Jean-Pierre MELVILLE**
D'après le roman de : **VERCORS**
Directeur de la photographie : **Henri DECAE**
Musique : **Edgar BISCHOFF**
Montage : **Henri DECAE**
Production : **Marcel CARTIER - O.G.C.**
Distribution : **Acacias - Ciné Audience**
Durée : **86 minutes**

FICHE TECHNIQUE

Howard VERNON : Werner von Ebrennac
Nicole STÉPHANE : La nièce
Jean-Marie ROBAIN : L'oncle
Ami AAROË : La fiancée de Werner
Denis SADIER : L'ami SS de Werner
Heim FROMM, SCHMIEDEL, Max HERMANN, RUDELLE, VERNIER : Les officiers allemands
Georges PATRIX : L'ordonnance

INTERPRETATION

FILMS FRANÇAIS A L'AFFICHE

ROBERT et RAYMOND HAKIM
GINA LOLLOBRIGIDA
ANTHONY QUINN
JEAN DELANNOY
NOTRE-DAME DE PARIS
VICTOR HUGO
JEAN AURENCHE . JACQUES PREVERT
CINEMASCOPE
EASTMANCOLOR

RAYMOND DANON présente
MICHEL PICCOLI
ROMY SCHNEIDER
dans un film de CLAUDE SAUTET
les choses de la vie
PAUL GUIMARD
JEAN-LOUP DABADIE
EASTMANCOLOR
LEA MASSARI

Maurice PIALAT

SOUS LE SOLEIL DE SATAN

Mouchette (**Sandrine Bonnaire**).

L'abbé Menou-Segrais (**Maurice Pialat**).

SOUS LE SOLEIL DE SATAN obtint la Palme d'Or au 40e Festival de Cannes, en 1987.

C'est sous les cris et les sifflets que Maurice Pialat reçut la prestigieuse récompense. A l'hostilité d'une partie du public qui composait l'assistance de la soirée de clôture, Pialat répondit, le poing levé : « Vous ne m'aimez pas, eh bien moi non plus, je ne vous aime pas ! ».

« Sous le Soleil de Satan » est le premier roman de Georges Bernanos, c'était aussi, en neuf films, la première adaptation cinématographique d'une œuvre littéraire pour Maurice Pialat. D'autres œuvres de Bernanos ont donné lieu à des adaptations pour le cinéma : JOURNAL D'UN CURÉ DE CAMPAGNE, de Robert Bresson (1945), LE DIALOGUE DES CARMÉLITES, de Philippe Agostini et du R.P. Bruckberger (1960) et MOUCHETTE de Robert Bresson (1967).

L'HISTOIRE

Le village de Campagne, en Artois. Germaine Malorthy, surnommée Mouchette, âgée de quinze ans, est la fille unique d'un brasseur du Boulonnais. Enceinte, elle est à la fois pudique, mais aussi désinvolte et anticonformiste dans cette France des années 20. Maîtresse du marquis de Cadignan, notable de Campagne et roi sans royaume, Mouchette va le rejoindre une nuit de fugue. Elle lui avoue la vérité... Chantage, violence et drame imprévisible : l'adolescente appuie sur la gâchette du fusil de chasse du marquis ; celui-ci s'écroule, mortellement blessé. L'enquête conclut à un suicide.

Mouchette se tourne alors vers l'officier de santé : le député Gallet, qui est son amant. Elle le mène par le bout du nez, mais sans succès.

L'abbé Donissan, humble vicaire du village, force fragile de la nature, est en proie au doute : celui de sa mission. Bien que soutenu par le doyen Menou-Segrais, il veut abandonner, abdiquer. Donissan se flagelle, se mortifie. Au cœur de la nuit, sur un chemin, l'abbé se trouve confronté à Satan, en la personne d'un maquignon. Pour un temps, il sort vainqueur du combat contre le Mal. Mouchette, après avoir avorté, rencontre Donissan qui sait tout de ses fautes. Elle essaie de se conduire avec lui comme avec les autres. Il veut l'aider, persuadé de pouvoir sonder son âme ; mais Mouchette prend peur et se tranche la gorge.

L'abbé Donissan, devenu curé de Lumbres, va jusqu'à se croire capable d'un miracle. Un court instant, il entrevoit l'image de la sainteté. Malgré la bonté de son directeur de conscience, l'abbé Menou-Segrais, Donissan mourra dans son confessionnal, victime de ses contradictions.

L'abbé Donissan (**Gérard Depardieu**) tente, en vain, d'aider Mouchette.

FICHE TECHNIQUE

Réalisation et adaptation : **Maurice PIALAT**
Scénario : **Sylvie DANTON**
D'après le roman de : **Georges BERNANOS**
Directeur de la photographie : **Willy KURANT**
Musique : **Henri DUTILLEUX**
Décors : **Katia VISCHKOF**
Production : **Daniel TOSCAN DU PLANTIER - Erato films/Films A2/Flach Films/Action Films/CNC**
Distribution : **Gaumont**
Durée : **95 minutes**

Donissan rencontre Satan (**Jean-Christophe Bouvet**).

INTERPRETATION

Gérard DEPARDIEU : L'abbé Donissan
Sandrine BONNAIRE : Germaine Malorthy, dite Mouchette
Maurice PIALAT : L'abbé Menou-Segrais
Alain ARTUR : Le marquis de Cadignan
Yann DEDET : Le docteur Gallet
Brigitte LEGENDRE : La mère de Mouchette
Jean-Claude BOURLAT : Malorthy
Jean-Christophe BOUVET : Le maquignon/Satan
Philippe PALLUT : Le carrier
Marcel ANSELIN : Monseigneur Gerbier
Yvette LAVOGEZ : Marthe
Pierre d'HOFFELIZE : Havret

Roman POLANSKI

TESS

La fête champêtre des jeunes filles de Marlott.

Alec D'Urberville (**Leigh Lawson**) séduit Tess, qui se croit encore sa petite cousine.

Publié en 1891, « Tess D'Urberville » est généralement considéré comme le chef-d'œuvre de Thomas Hardy. Pour Roman Polanski, porter le roman Tess à l'écran était l'aboutissement d'un vieux rêve. C'est en effet sa femme Sharon Tate qui attira son attention sur le livre.

Polanski chercha un paysage presque identique à celui du Dorset au XIXe siècle. Ce fut donc sur les côtes normandes et bretonnes que se déroula le tournage de TESS. Pendant des mois, une équipe d'experts créa les costumes, rassembla les accessoires, retrouva le mobilier de l'époque. Des paysagistes modifièrent la configuration de la contrée, abattirent des arbres, replantèrent des parterres entiers, recouvrirent de terre les routes asphaltées. Le bétail — caractéristique — du Dorset fut transporté en Normandie et en Bretagne. Le tournage, commencé en juillet 1978 dura 8 mois, se déroula au rythme des saisons, transporta 200 acteurs et techniciens en près de 40 lieux différents et s'acheva dans le studios de Joinville et d'Epinay.

TESS reçut le César du meilleur film, Polanski celui du meilleur réalisateur et Ghislain Cloquet celui de la meilleure photographie.

L'HISTOIRE

À la fin du siècle dernier, à Marlott, John Durbeyfield, petit revendeur de produits fermiers, rencontre le pasteur Tringham. Celui-ci lui révèle que Durbeyfield n'est autre qu'une déformation de D'Urberville. Songeant à l'avenir de sa fille, John décide de l'envoyer dans le manoir de Trantridge, où vit la famille D'Urberville, pour se réclamer de cette parenté afin d'obtenir un emploi. Tess se laisse séduire par Alec D'Urberville et se retrouve enceinte. L'enfant naît malade et meurt.

La jeune femme s'enfuit loin de son village et trouve à se placer dans une laiterie où personne ne la connaît. Là, elle fait la connaissance d'Angel Clare, le fils du pasteur, et en tombe amoureuse. Les deux jeunes gens célèbrent leur mariage, mais Tess lui avoue son passé et le jeune époux la quitte. Après de longs mois d'absence, il revient, mais Alec lui a repris sa compagne. Affrontant les sarcasmes d'Alec, Tess le poignarde et s'enfuit avec Angel. Mais les fuyards seront rejoints par la police dans les ruines de Stonehenge.

Tess tente d'oublier son passé et tombe amoureuse d'Angel (**Peter Firth**).

Tess (**Nastassja Kinski**).

Réalisation et scénario : **Roman POLANSKI**
Co-scénaristes : **Gérard BRACH, John BROWNJOHN**
D'après le roman « Tess d'Urberville » de : **Thomas HARDY**
Directeurs de la photographie : **Geoffrey UNSWORTH, Ghislain CLOQUET**
Musique : **Philippe SARDE**
Décors : **Pierre GUFFROY**
Costumes : **Anthony POWELL**
Production: **Claude BERRI - Renn Productions/ Burrill Productions/S.F.P.**
Distribution : **A.M.L.F.**
Durée : **185 minutes**

FICHE TECHNIQUE

Nastassja KINSKI : Tess
Peter FIRTH : Angel Clare
Leigh LAWSON : Alec D'Urberville
John COLLIN : John Durbeyfield
David MARKHAM : Le révérend Clare
Rosemary MARTIN : Mrs. Durbeyfield
Richard PEARSON : Le vicaire de Marlott
Carolyn PICKLES : Marian
Pascale de BOYSSON : Mrs. Clare
Arielle DOMBASLE : Mercy Chant
Tony CHURCH : Le pasteur Tringham
John BETT : Felix Clare
Suzanna HAMILTON : Izz

INTERPRETATION

1962

Georges FRANJU

THÉRÈSE DESQUEYROUX

Thérèse Desqueyroux (**Emmanuelle Riva**) a tenté d'empoisonner son mari Bernard (**Philippe Noiret**).

L'HISTOIRE

Thérèse Desqueyroux, accusée d'avoir tenté d'empoisonner son époux, Bernard, obtient un non-lieu grâce aux dépositions de son mari, qui a préféré un faux témoignage à la souillure de son nom. Tandis qu'elle revient vers Argelouse, leur domaine, Thérèse essaie de préparer la confession qu'elle estime devoir à Bernard. Elle revoit son adolescence heureuse avec Anne de la Trave ; son mariage avec Bernard Desqueyroux, le demi-frère d'Anne ; sa déception sentimentale lorsqu'elle découvre rapidement que son mari se préoccupe uniquement de son nom, de sa santé, de sa fortune et des devoirs de sa caste ; sa cruelle intervention pour détruire l'amour qui unit Anne à Jean Azévédo, jeune israélite bordelais ; la naissance de sa fille Marie... Et ce jour où elle surprend son mari qui absorbe deux fois de suite un médicament à base d'arsenic... et les doses qu'elle augmentera chaque jour, jusqu'à ce que le médecin découvre une ordonnance falsifiée et porte plainte.

Bernard l'attend sur le seuil de la maison. Il menace, dicte ses volontés : aux yeux du monde, elle devra paraître innocente et assister aux grandes cérémonies. Pour le reste du temps, elle restera séquestrée dans sa chambre. Thérèse se laisse lentement mourir, elle ne se lève pas, ne mange pas, elle fume. Et c'est une sorte de morte qui assiste au mariage d'Anne avec un garçon « bien ».

Pris de pitié, Bernard lui rend la liberté. A Paris, à la terrasse d'un café, il lui demande une dernière fois la raison de son geste. Elle essaie d'expliquer. Pourtant, il ne comprend pas. Il ne pourra jamais comprendre.

Publié en 1927 « Thérèse Desqueyroux » fut directement inspiré par un fait divers qui défraya le Bordelais en 1905.

Passionné de cinéma, François Mauriac construisit son livre sur un flash-back. Il fut aussi « le premier peut-être » à l'introduire dans le roman, précisait son fils Claude Mauriac, qui ajoutait « Alors que le roman était composé comme un film, nous avons délibérément voulu, mon père, Franju et moi, que le film ressemble le plus possible à un roman... Nous avons voulu essayer une transcription aussi littérale qu'il se pouvait... A cela près (les producteurs demandèrent que l'action se situe dans les années soixante), tout ce qui est dans le film est dans le livre, mot à mot et dans le même ordre. Le dialogue lui-même, sauf quelques phrases de liaison, est emprunté au roman. » (in « Le Figaro Littéraire », 8 septembre 1962).

Thérèse et Jean Azévédo (**Sami Frey**).

Un couple en pleine incompréhension...

Thérèse a pour amie Anne (**Edith Scob**).

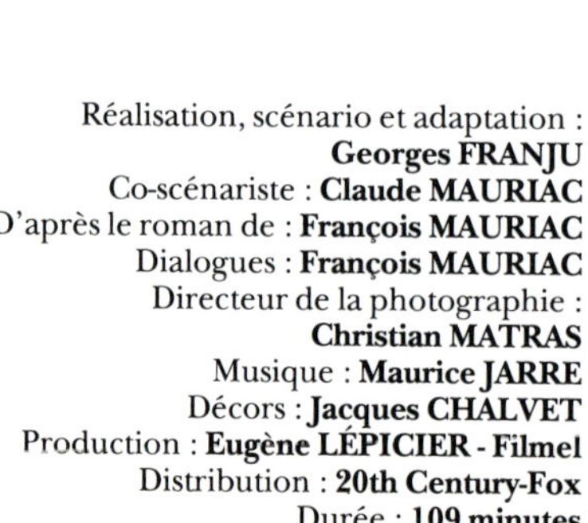

Réalisation, scénario et adaptation : **Georges FRANJU**
Co-scénariste : **Claude MAURIAC**
D'après le roman de : **François MAURIAC**
Dialogues : **François MAURIAC**
Directeur de la photographie : **Christian MATRAS**
Musique : **Maurice JARRE**
Décors : **Jacques CHALVET**
Production : **Eugène LÉPICIER - Filmel**
Distribution : **20th Century-Fox**
Durée : **109 minutes**

FICHE TECHNIQUE

Emmanuelle RIVA : Thérèse Desqueyroux
Edith SCOB : Anne de la Trave
Philippe NOIRET : Bernard Desqueyroux
Sami FREY : Jean Azévédo
Jeanne PEREZ : Balionte
Jacques MONOD : Maître Duros
Renée DEVILLERS : Mme de la Trave
Richard SAINT-BRIS : M. de la Trave
Hélène DIEUDONNÉ : Tante Clara
Lucien NAT : Larroque
Jeanne PEREZ : Balionte

INTERPRETATION

1953

Marcel CARNÉ

THÉRÈSE RAQUIN

Les Raquin forment un couple désuni.

L'HISTOIRE

Camille Raquin, homme de piètre envergure, a épousé sa cousine Thérèse, qui n'est pas heureuse avec lui. Thérèse est vendeuse à la mercerie lyonnaise que tient sa tante et belle-mère, laquelle ne jure que par son fils. Un soir, Raquin, ivre, est ramené par un camionneur italien, Laurent, qui devient l'amant de Thérèse.

Laurent n'a qu'une envie : sortir Thérèse de cette condition misérable. Il voudrait l'emmener loin, mais elle n'ose pas partir. Et puis elle a un peu pitié de son mari. Laurent essaie de forcer les choses. Il révèle à Raquin son infortune. En apparence, Camille ne réagit pas. Mais au fond, il a bien l'intention de passer aux représailles. Il veut « dresser » sa femme. L'emmener en voyage et la placer sous la surveillance de parents sûrs. Le couple prend le train. Mais ils ne sont pas seuls, car Laurent, averti du projet de Camille, est lui aussi monté. Dans le couloir du wagon, il se dispute violemment avec le mari trompé ; à l'issue de l'altercation, ce dernier est écrasé par un train venant en sens inverse. Thérèse est soupçonnée ; toutefois, faute de preuves, elle n'est pas inquiétée. La compagnie de chemin de fer lui octroie même une indemnité.

Malheureusement, un marin, témoin de l'affaire, s'improvise maître-chanteur. Thérèse, prise de remords, lui donne l'argent qu'elle a reçu. Le marin est ensuite renversé par un camion. Mais il avait remis à son amie Georgette une lettre à poster en cas de malheur... ce qu'elle fait, condamnant ainsi Thérèse et Laurent.

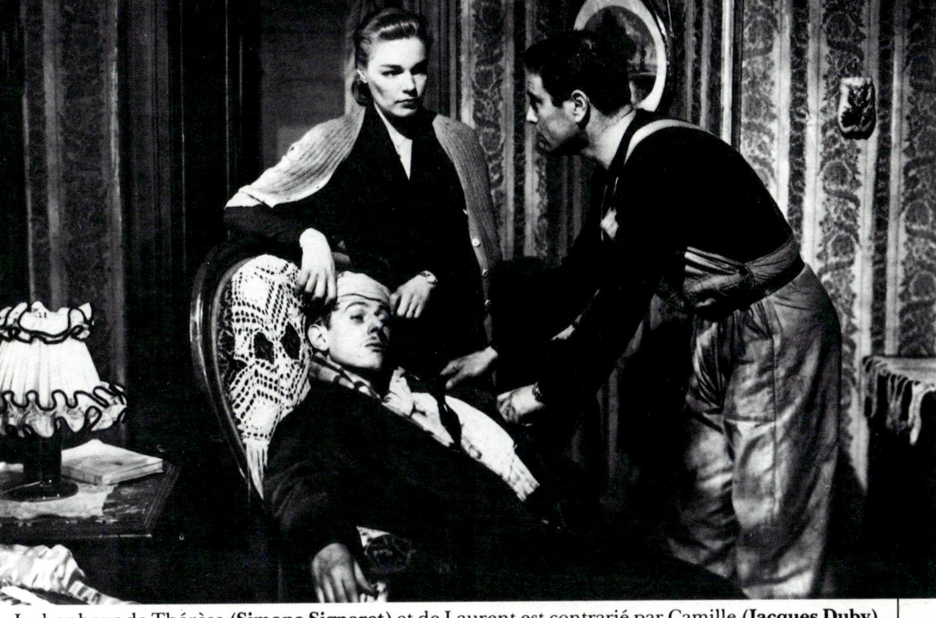
Le bonheur de Thérèse (**Simone Signoret**) et de Laurent est contrarié par Camille (**Jacques Duby**).

A propos de ce film qui obtint le Lion d'argent au Festival de Venise en 1953, Marcel Carné déclara : « On a toujours des scrupules à toucher à l'œuvre d'un grand écrivain. Mais nous avons le droit de modifier cette œuvre pour l'adapter au cinéma. D'ailleurs, Zola lui-même justifia ce genre d'entreprise par la préface qu'il écrivit pour son adaptation théâtrale ».

Quant à Simone Signoret, elle précisa : « Le personnage présentait pour moi un énorme intérêt, mais des écueils aussi ; il est si différent de ceux que j'ai interprétés jusqu'ici, à commencer par le milieu social auquel appartient Thérèse, celui de la petite bourgeoisie la plus médiocre. Thérèse est une « déplacée ». Elle n'a pas trouvé son milieu en naissant. Elle existe mais ne vit pas. Jusqu'au jour où elle rencontre Laurent, et alors tout change en elle. Et cette métamorphose de l'être profond de Thérèse, je me garde bien de l'exprimer extérieurement, par une modification de mon physique ». En 1928, Jacques Feyder avait déjà porté à l'écran une première adaptation de ce roman, avec Gina Manès.

Riton (**Roland Lesaffre**).

Réalisation et scénario : **Marcel CARNÉ**
Co-scénariste et dialoguiste : **Charles SPAAK**
D'après le roman de : **Émile ZOLA**
Dialogues : **Charles SPAAK**
Directeur de la photographie : **Roger HUBERT**
Musique : **Maurice THIRIET**
Décors : **Paul BERTRAND**
Production : **Robert et Raymond HAKIM - Paris-Film (Paris)/Lux-Film (Rome)**
Distribution : **Lux**
FRANCE-ITALIE. Durée : **105 minutes**

FICHE TECHNIQUE

Thérèse a pris Laurent (**Raf Vallone**) pour amant.

Simone SIGNORET : Thérèse Raquin
Raf VALLONE : Laurent
SYLVIE : Madame Raquin mère
Jacques DUBY : Camille Raquin
Roland LESAFFRE : Riton, le marin
Nerio BERNARDI : Le docteur
Maria-Pia CASILIO : Georgette
Marcel ANDRÉ : M. Michaud
Martial RÈBE : M. Grivet
Paul FRANKEUR : Le contrôleur
France VERNILLAT : Françoise
Madeleine BARBULÉE : Mme Noblet

INTERPRETATION

1956

Claude AUTANT-LARA

LA TRAVERSÉE DE PARIS

Martin découvre que Grandgil (**Jean Gabin**) n'a participé à son équipée que par goût du risque.

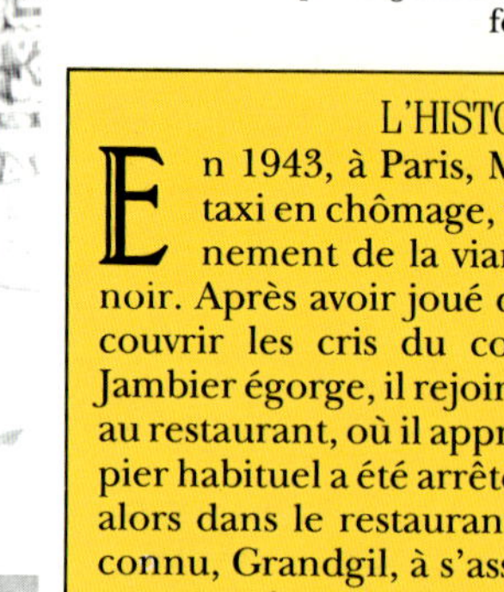

L'épicier Jambier (**Louis de Funès**) fournit le cochon...

L'HISTOIRE

En 1943, à Paris, Martin, chauffeur de taxi en chômage, transporte clandestinement de la viande pour le marché noir. Après avoir joué de l'accordéon pour couvrir les cris du cochon que l'épicier Jambier égorge, il rejoint sa femme Mariette au restaurant, où il apprend que son coéquipier habituel a été arrêté. Un inconnu surgit alors dans le restaurant. Martin invite l'inconnu, Grandgil, à s'asseoir à sa table et lui propose de travailler avec lui. Grandgil et son compagnon, chargés de quatre lourdes valises, vont devoir traverser tout Paris, malgré les dangers. Son coéquipier se révèle être artiste-peintre. Célèbre, riche et cynique, il n'a accepté de participer à cette aventure que par goût du risque et du sport. Une patrouille allemande les arrête et les conduit à la Kommandantur où un officier, amateur de peinture, reconnaît l'artiste... Seul Martin sera déporté. Quelques années plus tard, Grandgil et Martin se reverront sur le quai de la gare de Lyon ; Grandgil, toujours aussi superbe, Martin vieilli porte, lui, les valises des voyageurs...

Marcel Aymé estimait que LA TRAVERSÉE DE PARIS — nouvelle tirée de son recueil « Le vin de Paris » — était la plus fidèle adaptation que le cinéma ait fait de ses écrits. Cependant, dans son récit, Martin poignardait Grandgil, et l'épilogue de la Gare de Lyon fut rajouté. Autant-Lara, qui n'approuvait pas cette fin « plus public », sut montrer son désaccord par un noir entre la vraie fin du film et cette séquence.

Gabin créait ici un personnage nouveau, assez éloigné de sa mythologie habituelle, cynique, agressif, antipathique. Face à Gabin hurlant son fameux « Salauds de pauvres ! », Bourvil composait un personnage timoré et pitoyable qui lui valut le grand prix d'interprétation à Venise.

Le film, tourné en noir et blanc, fut tiré sur une pellicule couleur : ce procédé employé pour la première fois par Autant-Lara lui permettait de retrouver « le côté froid, verdâtre, de l'Occupation ».

Arrêté, Grandgil se sortira d'affaire. Pas Martin...

Martin (**Bourvil**) et sa future marchandise...

Réalisation : **Claude AUTANT-LARA**
Scénario, adaptation et dialogues : **Jean AURENCHE, Pierre BOST**
D'après la nouvelle publiée dans « Le vin de Paris », de : **Marcel AYMÉ**
Directeur de la photographie : **Jacques NATTEAU**
Décors : **Max DOUY**
Musique : **René CLOEREC**
Production : **Franco London Films (Paris)/Continental Produzione (Rome)**
Distribution : **S.N.A. FRANCE-ITALIE.** Durée : **80 minutes**

FICHE TECHNIQUE

Jean GABIN : Grandgil
BOURVIL : Martin
Louis de FUNÈS : Jambier, l'épicier
Jeannette BATTI : Mariette, la femme de Martin
Robert ARNOUX : Marchandot, le boucher
Myno BURNEY : Mme Marchandot
Georgette ANYS : Lucienne Couronne, la patronne du café Belotte
Monette DINAY : Mme Jambier
Anouk FERJAC : La jeune fille
Bernard LAJARRIGE : Un agent de police
Jean DUNOT : Le patron du café Belotte
Claude VERNIER : Alfred Couronne, le secrétaire à la Kommandantur
Harald WOLF : Le commandant
Hans WERNER : Le motard

INTERPRETATION

1960

Jacques BECKER

LE TROU

LE TROU est le dernier film de Jacques Becker, qui devait disparaître le 21 février 1960, un mois avant la sortie commerciale de son film.

Il s'agit du premier film adapté d'un roman de José Giovanni, roman inspiré lui-même de faits réels. Jean Kéraudy jouait d'ailleurs son propre rôle dans le film (celui de Roland) et sa présence était un facteur d'authenticité, ainsi que l'avait voulu le réalisateur. Jacques Becker tint d'ailleurs à ce que ses personnages ne soient pas interprétés par des acteurs professionnels : c'est pourquoi il choisit pour incarner les quatre principaux rôles un journaliste sportif, un directeur commercial, un diplômé de H.E.C. et un assistant-réalisateur de télévision. Michel Constantin, qui débuta dans le film de Becker, a connu la carrière que l'on sait. Quant à Philippe Leroy-Beaulieu, il a fait la majeure partie de sa carrière en Italie.

Jean-Pierre Melville considérait LE TROU comme « le plus beau film français ».

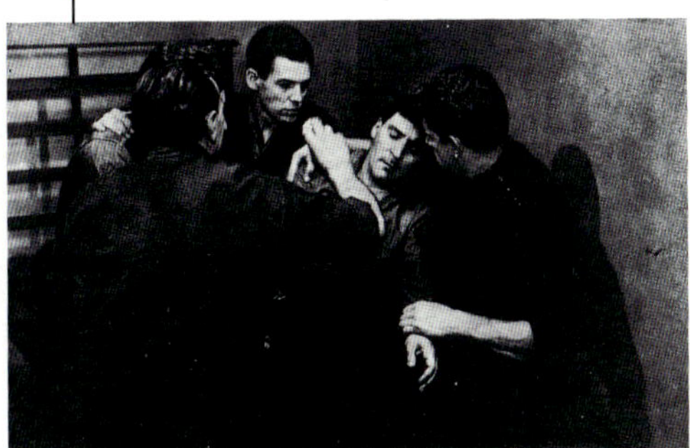

Monseigneur (**Raymond Meunier**) est entouré par Gaspard (**Marc Michel**) et ses amis.

Roland (**Jean Kéraudy**).

L'HISTOIRE

Le secteur de la détention préventive dans la prison de la Santé, en 1947. Faussement accusé de tentative de meurtre sur la personne de sa femme, Claude Gaspard est enfermé dans la cellule n° 6, déjà occupée par Roland, Manu, Monseigneur et Jo. Les quatre amis, qui ont décidé de s'évader, ne voient pas d'un bon œil l'arrivée d'un nouveau compagnon. Les circonstances les contraignent pourtant à dévoiler leur projet à Gaspard et à s'en faire un complice...

Roland, le conducteur de l'opération, a tout prévu : il perce un trou dans le sol un après-midi en faisant un bruit d'enfer. Nul, dans la prison, ne se préoccupe d'un bruit de marteau qui ébranle tout le bâtiment !

Toutes les nuits, Roland et ses amis préparent le parcours qui les conduira vers la liberté en perçant un tunnel au-travers d'un couloir des égouts de Paris.

Un matin, Gaspard est appelé dans le bureau du directeur : sa femme a retiré sa plainte ; il va être remis en liberté... Interrogé avec finesse, il dévoile le projet de ses compagnons de cellule.

Le soir même, les détenus de la cellule 6 se préparent à l'évasion. Mais les gardiens surgissent soudain et les réduisent à l'impuissance, tandis que Gaspard est transféré dans une autre cellule. Roland n'a pour lui qu'un regard de mépris. « Pauvre Gaspard », dit-il.

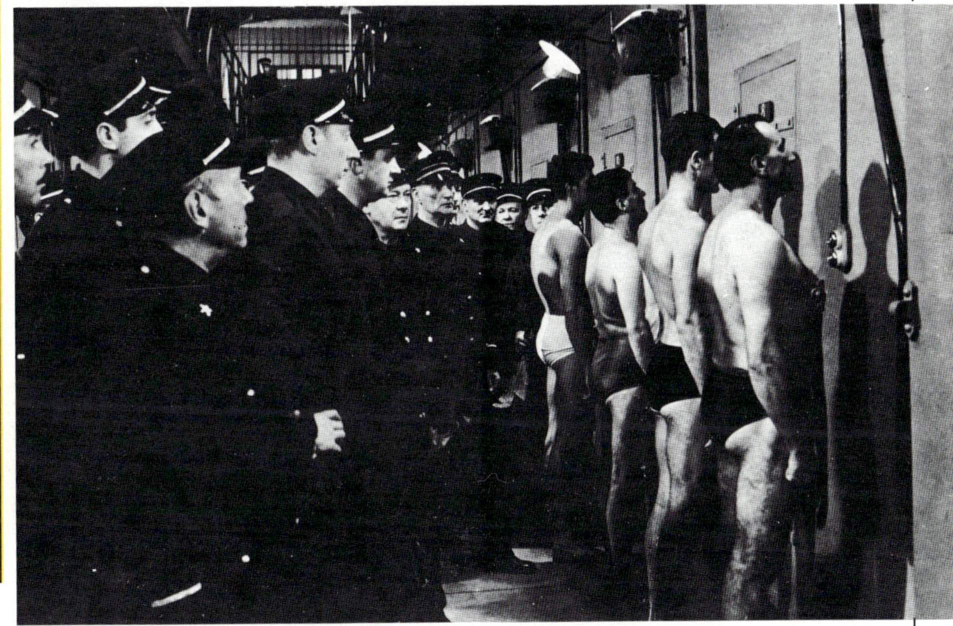

L'évasion des quatre compagnons de cellule a tourné court à cause de la trahison de Gaspard.

Jo (**Michel Constantin**) se révolte.

FICHE TECHNIQUE

Réalisation et scénario : **Jacques BECKER**
Co-scénaristes : **José GIOVANNI, Jean AUREL**
D'après le roman de : **José GIOVANNI**
Directeur de la photographie : **Ghislain CLOQUET**
Décors : **Rino MONDELLINI**
Production : **Serge SILBERMAN-Play-Art/ Filmsonor (Paris)/Titanus (Rome)**
Distribution : **Cinédis FRANCE-ITALIE.** Durée : **140 minutes (Version commerciale : 83 minutes)**

INTERPRETATION

Raymond MEUNIER : Monseigneur
Jean KÉRAUDY : Roland Darban
Michel CONSTANTIN : Jo
Philippe LEROY-BEAULIEU : Manu le Corse
Marc MICHEL : Claude Gaspard
Eddy RASIMI : Bouboule, le gardien
André BERVIL : Le directeur de la prison
Jean-Paul COQUELIN : Grinval
Catherine SPAAK : Nicole
et Philippe DUMAT, Marcel ROUZÉ, Paul PAVEL, Lucien CAMIRET

1984

Volker SCHLÖNDORFF

UN AMOUR DE SWANN

Swann et la duchesse de Guermantes (**Fanny Ardant**).

L'ex-comédienne Nicole Stéphane (LE SILENCE DE LA MER) détenait les droits de l'œuvre-phare de Marcel Proust. Mettre en scène « A la recherche du temps perdu » tenait de la gageure, tant le texte est l'un des plus délicats à adapter. Visconti s'y était essayé pour finalement choisir de tourner LUDWIG. Joseph Losey et Harold Pinter y songèrent également mais le projet était trop ambitieux. Volker Schlöndorff partit d'un scénario écrit par Peter Brook et Jean-Claude Carrière, qui était resté, lui aussi, dans l'oubli.

« Sous la cellophane de la couverture un bouquet de fleurs de Van Dongen ornait le petit livre de poche jaunâtre, que j'ai lu à dix-sept ans, sous un pommier, en Bretagne. Mes copains m'avaient mis en garde : Proust, c'est la barbe. Moi je trouvais ça passionnant. « Un amour de Swann » a été une triple initiation pour moi : à la langue française d'abord, au fonctionnement de la société ensuite, et à celui de mes désirs et de mon inconscient enfin. » (Volker Schlöndorff).

C'est Pierre Arditi qui prête sa voix à Jeremy Irons et Micky Sebastian la sienne à Ornella Muti.

Le film obtint les Césars des meilleurs costumes et décors.

L'HISTOIRE

Ce matin, dans son lit, Charles Swann écrit et relit les notes de son journal. Toutes ont pour thèmes son amour pour Odette de Crécy et la passion qu'il lui voue « qui va bien au-delà du désir physique ». Ses pensées l'amènent à évoquer souvent d'inoubliables moments passés en sa compagnie.

Swann et son ami, le baron de Charlus, assistent à une réception donnée par la duchesse de Guermantes. Plus tard, Swann retrouve Odette. Une brève altercation éclate entre les deux amants : Charles veut savoir si Odette a fréquenté autrefois des maisons de passe... Sans véritablement répondre, elle annonce qu'elle ne peut passer la soirée avec lui, étant retenue par une soirée à l'Opéra et un dîner en compagnie des Verdurin. Poussé par la jalousie et inquiet des rumeurs sur la moralité d'Odette, Charles part à sa poursuite au cœur de la nuit. A l'Opéra, le spectacle vient de s'achever ; il lui reste à trouver le restaurant où a lieu la soirée. Par hasard, il tombe sur le bon endroit. Il retrouve Odette et s'invite au dîner. Le repas terminé, elle rentre avec les Verdurin, délaissant Swann. Il se rend à son domicile, lui déclare sa passion, mais pense aussitôt qu'elle était avec un autre homme. Rien cependant ne le prouve. Ils se réconcilient. Au petit jour, Charles Swann rentre chez lui.

Le lendemain matin, dans son lit, Charles rédige ses notes. Il se demande s'il n'a pas consacré la plus belle partie de sa jeunesse à un grand amour qui n'en valait pas la peine.

Vingt années ont passé. Charles Swann, vieilli, est gravement malade ; Odette de Crécy est devenue la respectable Mme Swann.

Charles Swann (**Jeremy Irons**) éprouve pour Odette de Crécy (**Ornella Muti**) une passion dévorante.

FICHE TECHNIQUE

Réalisation et adaptation : **Volker SCHLÖNDORFF**
Scénario : **Peter BROOK, Jean-Claude CARRIÈRE, Marie-Hélène ESTIENNE**
D'après l'œuvre de : **Marcel PROUST**
Directeur de la photographie : **Sven NYKVIST**
Musique : **Hans-Werner HENZE**
Costumes : **Yvonne SASSINOT de NESLE**
Décors : **Jacques SAULNIER**
Production : **Margaret MENEGOZ-Les Films du Losange/Gaumont/FR3/SFPC/Nicole STÉPHANE/CNC/Bioskop Film/Eberhard Junkersdorf (Munich)**
Distribution : **Gaumont**
FRANCE-R.F.A. Durée : **110 minutes**

L'ami de Swann, le baron de Charlus (**Alain Delon**).

INTERPRETATION

Jeremy IRONS : Charles Swann
Ornella MUTI : Odette de Crécy
Alain DELON : Le baron de Charlus
Fanny ARDANT : La duchesse de Guermantes
Marie-Christine BARRAULT : Madame Verdurin
Anne BENNENT : Chloé
Nathalie JUVET : Madame Cottard
Charlotte de TURCKHEIM : Madame de Cambremer
Jean-François BALMER : Le docteur Cottard
Jacques BOUDET : Le duc de Guermantes
Jean-Louis RICHARD : Monsieur Verdurin
Roland TOPOR : Biche

René CLAIR

UN CHAPEAU DE PAILLE D'ITALIE

L'HISTOIRE

1865. Jules Fadinard, rentier, est sur le point d'épouser Hélène Nonancourt, fille d'un gros pépiniériste. Alors qu'il traverse le bois en cabriolet pour se rendre à la noce, son cheval fait sa pitance d'un chapeau de paille d'Italie trônant sur un buisson. Fureur du lieutenant Tavernier qui était en train de conter fleurette à la malheureuse propriétaire du chapeau, la charmante Anaïs de Beauperthuis, laquelle est mariée et ne peut plus regagner le logis sans son couvre-chef. L'offensé menace Fadinard des pires représailles s'il ne parvient pas à retrouver un autre chapeau. Mais la noce est là, et le malheureux, pris de court, quitte la mairie au moindre prétexte pour filer chez la modiste. Or, un tel chapeau est un ornement rare, difficile à trouver. Pendant le repas et les quadrilles la course au chapeau continue, avec le lieutenant toujours dans la coulisse. Le beau-père, le laquais, les voisins, les invités de la noce et jusqu'au mari de la belle infidèle, alerté par mégarde, tout le monde s'en mêle. Un vieil oncle sourd met le comble à la confusion... C'est d'ailleurs ce dernier qui, sans le savoir, ramènera le calme : le cadeau qu'il a apporté pour la mariée n'est autre en effet qu'un magnifique chapeau de paille d'Italie.

Et tout cela, à cause d'un chapeau de paille d'Italie... ! Mais que fait la police.... ?

Un drôle de drame...

L'adaptation du célèbre vaudeville de Labiche (1815-1888) a été faite par René Clair (dont c'était le sixième film) en tenant compte des exigences du cinéma. Le résultat est un éblouissant film-poursuite, évoquant les burlesques américains. C'est le rythme de Mack Sennett dans le décor de la Famille Fenouillard. Certains gags (le discours du maire qui endort tout le monde, le cousin distrait qui perd sa cravate, l'oncle sourd et son cornet acoustique) et la reconstitution du quadrille des lanciers comptent parmi les meilleures trouvailles comiques de René Clair, que ce succès encouragera à récidiver dans le même style, l'année suivante, avec LES DEUX TIMIDES.

A la recherche du fameux chapeau...

En 1940, Maurice Cammage réalisera un remake parlant d'UN CHAPEAU DE PAILLE D'ITALIE, avec Fernandel dans le rôle de Fadinard, entouré de Tramel, Charpin, Delmont, Josseline Gaël, etc.

Le repas de noce : Julien Fadinard (**Albert Préjean**) a épousé Hélène de Nonancourt (**Maryse Maïa**).

Réalisation et scénario : **René CLAIR**
D'après la comédie de :
Eugène LABICHE et Marc MICHEL
Directeurs de la photographie :
Maurice DESFASSIAUX,
Nicolas ROUDAKOFF
Décors : **Lazare MEERSON**
Costumes : **SOUPLET**
Production : **Albatros**
Distribution : **Films Armor**
Durée : **80 minutes**

FICHE TECHNIQUE

Albert PRÉJEAN : Jules Fadinard, le marié
Olga TSCHEKOWA : Anaïs de Beauperthuis
Maryse MAÏA : Hélène, la mariée
YVONNECK : Nonancourt, le beau-père
Alice TISSOT : Une cousine
Louis PRÉ fils : Le cousin Bobin
Alexis BONDI : Un cousin
GEYMOND-VITAL : Le lieutenant Tavernier
Paul OLLIVIER : L'oncle Vésinet
Alex ALLIN : Félix, le domestique
VOLBERT : Le maire
Jim GÉRALD : Beauperthuis
DEBRIÈGE, Jane PIERSON, BERLINE, BECK, CHRISTIE, GALTIER, Max LEREL, Antoine STAQUET, Hubert DAIX, LIVINOFF, Nino COSTANTINI, BRUNO : les invités à la noce

INTERPRETATION

1962

Henri VERNEUIL

UN SINGE EN HIVER

L'HISTOIRE

Juin 1944 en Normandie. Albert Quentin, ancien quartier-maître du corps expéditionnaire en Chine, propriétaire de l'Hôtel Stella, boit chez Georgina avec son ami Esnault. Il boit pour « voyager ». Le village est bombardé. Quentin promet à sa femme Suzanne de ne plus boire si l'hôtel est préservé.

Les années ont passé. Quentin a tenu parole. Une nuit d'hiver, un jeune homme, Gabriel Fouquet, arrive à l'hôtel. Il boit pour oublier un mariage malheureux. Son « voyage » : l'Espagne et la tauromachie. Le lendemain de son arrivée, Fouquet se rend au pensionnat afin d'y voir sa fille Marie, mais la présence du jardinier, qui l'a vu ivre la veille, le fait s'esquiver. Le jour de la Toussaint, il se livre à une corrida avec les voitures ; les gendarmes l'arrêtent. Quentin obtient sa libération et l'entraîne chez Georgina où ils se saoulent. Ils prennent d'assaut le pensionnat puis, avec Landru, ils vont tirer, en pleine nuit, un feu d'artifice sur la plage, qui réveille tout le village...

Le lendemain, Fouquet reprend sa fille. Quentin prend le train avec eux et raconte à Marie l'apologue des singes : « En Chine, quand arrivent les premiers froids, on trouve un peu partout des petits singes perdus, égarés. Alors comme les habitants croient que même les singes ont une âme, ils donnent de l'argent pour qu'on les ramène dans leur forêt natale. » Quentin descendra au prochain arrêt tandis que s'inscrit sur l'écran, à la place du mot fin, « et maintenant voici venir un long hiver ».

Quentin **(Jean Gabin)**, Fouquet et Landru **(Noël Roquevert)** tirent leur feu d'artifice...

Esnault **(Paul Frankeur)** et les deux compères.

Gabriel **(Jean-Paul Belmondo)** et Suzanne **(Suzanne Flon)**.

L'ors de la sortie d'A BOUT DE SOUFFLE de Jean-Luc Godard, la critique avait comparé Jean-Paul Belmondo à Jean Gabin. UN SINGE EN HIVER témoignera de l'unique rencontre à l'écran de ces deux grands acteurs. Mais cette confrontation faillit ne pas avoir lieu car le ministre de la Santé craignait que le film ne soit qu'une apologie de l'alcool. Suzanne Flon jouera de nouveau les épouses de Gabin dans LE SOLEIL DES VOYOUS (1967) et SOUS LE SIGNE DU TAUREAU (1969). Le roman d'Antoine Blondin (1922-1991) avait reçu le prix Interallié en 1959. Il fut adapté par François Boyer, l'auteur du scénario de JEUX INTERDITS et de LA GUERRE DES BOUTONS.

Outre « Un singe en hiver » un autre livre de Antoine Blondin, décédé le 6 juin 1991, « L'heure vagabonde » a été porté à l'écran en 1974 par Edouard Luntz ainsi que « Monsieur Jadis » pour la télévision avec Claude Rich.

Réalisation : **Henri VERNEUIL**
Adaptation : **François BOYER**
D'après le roman de : **Antoine BLONDIN**
Dialogues : **Michel AUDIARD**
Directeur de la photographie : **Louis PAGE**
Musique : **Michel MAGNE**
Décors : **Robert CLAVEL**
Production : **Cipra/Cité Films**
Distribution : **Comacico**
Durée : **102 minutes**

FICHE TECHNIQUE

Une amitié au-delà des générations...

Jean GABIN : Albert Quentin
Jean-Paul BELMONDO : Gabriel Fouquet
Suzanne FLON : Suzanne Quentin
Noël ROQUEVERT : Landru
Paul FRANKEUR : Esnault
Gabrielle DORZIAT : Victoria
Marcelle ARNOLD : L'infirmière
Hella PETRI : Georgina
Lucien RAIMBOURG : Le jardinier
Geneviève FONTANEL : Marie-Jo
Anne-Marie COFFINET : Simone
Sylviane MARGOLLE : Marie Fouquet

INTERPRETATION

1977

Yves BOISSET

UN TAXI MAUVE

Tous deux exilés en Irlande, Jerry **(Edward Albert)** et Philippe partagent les plaisirs de la chasse.

L'HISTOIRE

Dans un village d'Irlande, le docteur Scully, qui se déplace à bord d'un taxi mauve, vient au chevet de Philippe Marchal, son ami, un Français qui a échoué là on ne sait comment. Philippe partage son goût de la chasse avec Jerry Kean, un jeune Américain envoyé en exil par sa richissime famille pour faire oublier quelques bêtises. Sharon, la sœur de Jerry, épouse d'un prince de Hanovre, arrive au village, jetant le trouble dans l'esprit des deux hommes à propos de l'énigmatique Taubelman, qui vit dans un château voisin avec une jeune fille : Anne.

Tandis que Sharon engage des relations amoureuses avec Marchal, Jerry tombe amoureux de la belle et mystérieuse Anne. Consciente de l'incongruité de sa situation, Sharon quitte l'Irlande.

Un matin, Jerry se sauve en compagnie d'Anne et, fou de douleur, Taubelman met le feu à son château. Pourtant, la jeune fille reviendra vers le vieil homme ; accompagné du docteur Scully et de Jerry. Philippe quittera à son tour l'Irlande.

Philippe et le docteur Scully **(Fred Astaire)**.

Après avoir traité du racisme avec DUPONT LAJOIE, de la justice avec LE JUGE FAYARD DIT LE SHÉRIF, de la police avec UN CONDÉ, des problèmes de la guerre d'Algérie avec R.A.S., Yves Boisset fut séduit par le roman de Michel Déon et voulut raconter une grande histoire romanesque très anglo-saxonne, pour sortir de ses sujets habituels. Parlant de cette adaptation, Michel Déon déclara : « Je ne crains pas de dire que rarement un auteur aura été servi comme je l'ai été. Le fait n'est pas si fréquent pour qu'on oublie de le dire et j'aimerais bien que ce film apparaisse aussi comme la réconciliation de la littérature et du cinéma français qui se sont trop boudés ».

Ce fut lors de la présentation à Cannes d'HOLLYWOOD HOLLYWOOD qu'Yves Boisset proposa le rôle du docteur Scully à Fred Astaire. UN TAXI MAUVE fut tourné en deux versions : française et anglaise. Pour la version française, Fred Astaire était doublé par Claude Dauphin et Agostina Belli par Anicée Alvina.
UN TAXI MAUVE représenta la France au festival de Cannes 1977.

Philippe **(Philippe Noiret)** et Sharon **(Charlotte Rampling)**.

Réalisation et scénario : **Yves BOISSET**
D'après le roman de : **Michel DÉON**
Directeur de la photographie : **Tonino Delli COLLI**
Musique : **Philippe SARDE, Franz SCHUBERT**
Décors : **Arrigo EQUINI**
Production : **Catherine WINTER, Gisèle REBILLON-Sofracima/TF1/Rizzoli Films**
Distribution : **Parafrance**
FRANCE-ITALIE. Durée : **120 minutes**

FICHE TECHNIQUE

Taubelman **(Peter Ustinov)** et Anne **(Agostina Belli)**.

Charlotte RAMPLING : Sharon
Philippe NOIRET : Philippe Marchal
Agostina BELLI : Anne
Peter USTINOV : Taubelman
Fred ASTAIRE : Le docteur Scully
Edward ALBERT : Jerry Kean
Mairin O'SULLIVAN : Mrs. Colleen
John MOLLOY : Jack Lynch
Martin DEMPSEY : Un officier de police
Jack WATSON : Sean
David KELLY, Nycall BUGGY : Les « petites fées »
Loan DO HUU : Madame Li
Eamoun MORRISSEY : L'interne de l'hôpital

INTERPRETATION

1958

Alexandre ASTRUC

UNE VIE

L'HISTOIRE

À la fin du siècle dernier, dans une grande demeure normande, Jeanne Dandieu vit entourée de ses parents et de Rosalie, une paysanne amie d'enfance qui lui sert de domestique. Un jour, sauvée par des pêcheurs alors que sa barque, prise dans une rafale, venait de se retourner, elle est accueillie à l'embarcadère par un jeune inconnu : Julien de Lamare. Celui-ci la raccompagne au manoir. Jeanne ne tarde pas à tomber amoureuse. Julien demande sa main. Cette précipitation fait jaser : on dit que Julien se marie pour payer des dettes qui l'obligèrent à quitter Paris.

Le mariage est une réussite et Jeanne nage dans le bonheur. Ses parents quittent la maison familiale et, brusquement, la vie du couple devient un enfer. La sensibilité de sa femme ennuie Julien, qui lui préfère la compagnie de Rosalie. La jeune femme n'ose avouer à Jeanne les relations qu'elle entretient avec son mari. Enceinte, elle accouche d'une petite fille et abandonne le service de Jeanne, qui a tout découvert.

Six ans ont passé. Jeanne est mère d'un petit garçon. A l'occasion de la bénédiction des bateaux de pêche, Julien rencontre un vieil ami, de Fourcheville, qui lui présente sa femme Gilberte. Une aventure ne tarde pas à naître entre eux. Jeanne supporte avec courage cette liaison nouvelle ainsi que la mort de sa mère. Mais de Fourcheville, jaloux, découvre les amants dans une roulotte qu'il précipite du haut de la falaise. Auprès de Rosalie, Jeanne consacrera le reste de sa vie à son fils.

Julien de Lamare (**Christian Marquand**), ayant séduit Jeanne Dandieu (**Maria Schell**), va l'épouser.

Ayant produit GERVAISE en 1955, avec Maria Schell, qu'elle avait sous contrat, Agnès Delahaie proposa à Alexandre Astruc de mettre en scène UNE VIE avec la même actrice. Astruc accepta à condition que le film soit réalisé en couleurs et en cinémascope (en fait, il n'eut droit qu'à l'écran large). Seule la première partie du roman fut adaptée, car les auteurs pensaient que le long développement psychologique final n'était pas très cinématographique.

La ferme normande fut construite au studio de Joinville tandis que les extérieurs furent tournés en Bretagne et en Normandie. Le tournage s'étala sur sept mois. Divers incidents en furent la cause, parmi lesquels le désistement d'Anouk Aimée, le premier jour de tournage, qui devait interpréter Gilberte et préféra rejoindre Jacques Becker pour MONT-PARNASSE 19. De retour d'Hollywood, Maria Schell dut subir une opération qui lui fit perdre son enfant. Quant à Christian Marquand, il se démit l'épaule...

Julien a pris Rosalie (**Pascale Petit**) pour maîtresse.

La vie du couple devient infernale.

Jeanne ne trouve pas d'écho à sa passion.

Réalisation et scénario : **Alexandre ASTRUC**
Co-scénariste et dialoguiste : **Roland LAUDENBACH**
D'après le roman de : **Guy de MAUPASSANT**
Directeur de la photographie : **Claude RENOIR**
Musique : **Roman VLAD**
Décors : **Paul BERTRAND**
Production : **Annie DORFMANN - Agnès Delahaie Productions**
Distribution : **Corona**
Durée : **86 minutes**

FICHE TECHNIQUE

Maria SCHELL : Jeanne Dandieu
Christian MARQUAND : Julien de Lamare
Yvan DESNY : De Fourcheville
Antonella LUALDI : Gilberte de Fourcheville
Pascale PETIT : Rosalie
Marie-Hélène DASTÉ : Mme Dandieu
Louis ARBESSIER : M. Dandieu
Michel de SLUBICKI : Paul de Lamare
Andrée TAINSY : Ludivine
Gérard DARRIEU : Le pêcheur

INTERPRETATION

Claude BERRI

URANUS

L'HISTOIRE

En pleine épuration, au printemps 1945, dans une petite ville de province. Archambaud, qui héberge déjà le couple communiste Gaigneux et le professeur Watrin, sans logement depuis que les leurs ont été détruits par les bombardements, accepte de cacher l'ancien collaborateur Maxime Loin, activement recherché. Sans école, Watrin enseigne les classiques dans la salle du café tenu par Léopold, force de la nature, alcoolique, mais soudain pris de passion pour l'art poétique, qu'il se pique de vouloir pratiquer. Malmené par Léopold, le cheminot communiste Rochard se venge en l'accusant d'avoir caché Maxime Loin. Aubaine pour le PC local qui, fort de son nouveau pouvoir et sous l'impulsion de Jourdan, petit prof maximaliste, fait arrêter Léopold puis, conscient de son erreur, s'en prend à Rochard, dont est envisagée l'exclusion. Celui-ci change de camp et tient le bistrot jusqu'à la libération de Léopold. Lequel cherche appui, en vain, auprès de Monglat, affairiste et opportuniste haïssant ses semblables comme lui-même, et son fils Michel, dont il s'est servi pour ses trafics.

Alors que l'on fête en fanfare le retour des prisonniers, la fille des Archambaud, Marie-Anne, surprend la liaison de sa mère avec Maxime Loin, pour qui elle éprouve elle-même une attirance certaine, tout en fréquentant le fils Monglat et en entretenant des relations troubles avec Gaigneux. Un soir, sérieusement éméché, Léopold hurle sur la place publique tous ses ressentiments envers les turpitudes et lâchetés de ses concitoyens. Le silence des communistes aidant, Monglat intervient pour que Léopold soit arrêté. Celui-ci refuse de suivre les gendarmes, qui l'abattent. Se rendant à l'improviste chez les Archambaud, Gaigneux s'y trouve nez à nez avec Maxime Loin qui, résigné, se laisse conduire auprès des autorités.

Exaspéré par la lâcheté de Jourdan (**Fabrice Luchini**), Léopold (**Gérard Depardieu**) le bat.

Avant-dernier roman de Marcel Aymé (1902-1967), publié en 1948, « Uranus » doit son titre à l'attitude du professeur Watrin qui, persuadé que « rien n'est mauvais dans l'homme », s'endort « d'un sommeil redoutable qui le transporte jusqu'au matin dans l'univers désolé de la planète Uranus ».

Interrogé sur les raisons qui le conduisirent, en compagnie de sa sœur Arlette Langmann (également collaboratrice de Maurice Pialat), à adapter cet ouvrage, Claude Berri déclarait avoir été intéressé par « l'aspect tout à fait contemporain et universel du sujet. (...) Le poète assassiné dans un monde cruel l'a été et le sera de tous les temps. (...) Rétablir une vérité historique, à savoir que la France était « partagée », me paraît être une chose intéressante à dire aujourd'hui. »

Watrin (**Philippe Noiret**) et Archambaud (**Jean-Pierre Marielle**).

Monglat (**Michel Galabru**).

FICHE TECHNIQUE

Réalisation, scénario et dialogues : **Claude BERRI**
Co-scénariste et dialoguiste : **Arlette LANGMANN**
D'après le roman de : **Marcel AYMÉ**
Directeur de la photographie : **Renato BERTA**
Musique : **Jean-Claude PETIT, Wolfgang Amadeus MOZART**
Décors : **Bernard VEZAT**
Production : **Renn Productions/Films A2/D.D. Productions**
Distribution : **AMLF**
Durée : **100 minutes**

INTERPRETATION

Gérard DEPARDIEU : Léopold
Philippe NOIRET : Watrin
Jean-Pierre MARIELLE : Archambaud
Michel BLANC : Gaigneux
Michel GALABRU : Monglat
Gérard DESARTHE : Maxime Loin
Fabrice LUCHINI : Jourdan
Daniel PRÉVOST : Rochard
Danièle LEBRUN : Madame Archambaud
Florence DAREL : Marie-Anne Archambaud
Myriam BOYER : Maria Gaigneux
Josiane LÉVÊQUE : Andréa, femme de Léopold
Yves AFONSO : Le brigadier
Dominique BLUZET : Michel Monglat

1971

Pierre GRANIER-DEFERRE

LA VEUVE COUDERC

La veuve Couderc **(Simone Signoret)** liera son destin à celui de Jean.

L'HISTOIRE

Dans la cour qui longe le canal du Centre, Jean Lavigne fait la connaissance d'une paysanne, la veuve Couderc. Il l'aide à porter, jusqu'à sa ferme, une couveuse à pétrole qu'elle vient d'acheter. La veuve Couderc est une femme qui vieillit seule et qui s'acharne à conserver sa ferme, possession que la famille de son mari conteste ; Jean revient vers la région où il a grandi avant que la police — qui le traque — ne le retrouve. Une histoire d'amour naît entre ces deux êtres.

Dans la ferme d'en face habitée par la famille de feu Couderc, vit une fille, un peu simple d'esprit, Félicie. Elle deviendra également la maîtresse de Jean, qui entre ces deux femmes connaîtra une sorte de bonheur, tandis que la France, en cet été 1934, s'achemine doucement vers le Front Populaire qui éclôra deux ans plus tard...

Jean se confie à la veuve : il a tué et s'est échappé du bagne. La belle-famille apprend qu'il est recherché par la police; elle déteste la veuve et l'étranger qu'elle a accueilli. A la ferme, Jean fait semblant de croire que la vie sera possible : il a mis en marche la couveuse... Mais un jour, à l'aube, la ferme est cernée par les gendarmes ; Jean essaie de fuir, la chasse à l'homme commence. Il est rabattu sur la ferme. La veuve Couderc, heureuse, comprend que Jean ne lui échappera pas et qu'elle va mourir avec lui. L'assaut est donné. Criblé de balles, Jean s'effondre devant la ferme en même temps que la veuve Couderc, mortellement blessée par une balle perdue...

Jean Lavigne **(Alain Delon)** participe aux travaux des champs.

Félicie **(Ottavia Piccolo).**

Alors qu'il tournait LE CHAT avec Simone Signoret et Jean Gabin, Pierre Granier-Deferre comprit qu'il avait trouvé en Simone Signoret l'interprète idéale de LA VEUVE COUDERC, sujet qu'il désirait depuis longtemps porter à l'écran. « Elle est, disait-il, une immense actrice avec une étonnante dimension humaine. De plus elle est femme, femme comme je l'entends. Elle est coquette dans le bon sens du terme. Elle est drôle et passionnée. » Granier-Deferre devait à nouveau diriger Simone Signoret en 1982 dans L'ÉTOILE DU NORD, également adapté de Simenon.

Jean Tissier, décédé en 1973, interprètait dans ce film son dernier rôle au cinéma. Il avait fait une carrière tant au théâtre qu'au cabaret et à la télévision et joué dans d'innombrables films dont L'ASSASSIN HABITE AU 21, LES CASSE-PIEDS, SI VERSAILLES M'ÉTAIT CONTÉ, LES GODELUREAUX, UN DRÔLE DE PAROISSIEN...

Traqué, Jean sera abattu par la police.

Réalisation : **Pierre GRANIER-DEFERRE**
Co-scénariste et dialoguiste : **Pascal JARDIN**
D'après le roman de : **Georges SIMENON**
Directeur de la photographie : **Walter WOTTITZ**
Musique : **Philippe SARDE**
Décors : **Jacques SAULNIER**
Production : **Lira Films (Paris)/ Pegaso Films (Rome)**
Distribution : **C.F.D.C.**
FRANCE-ITALIE. Durée : **90 minutes**

FICHE TECHNIQUE

Simone SIGNORET : La veuve Couderc
Alain DELON : Jean Lavigne
Ottavia PICCOLO : Félicie
Jean TISSIER : Henri
Monique CHAUMETTE : Françoise
Boby LAPOINTE : Désiré
Pierre COLLET : Le commissaire Mallet
François VALORBE : Le colonel « Croix-de-feu »
Robert FAVART : Le préfet
André ROUYER : Le brigadier
Jean-Pierre CASTALDI : L'inspecteur

INTERPRETATION

1977

Moshe MIZRAHI

LA VIE DEVANT SOI

La santé de Mme Rosa **(Simone Signoret)** décline, malgré les soins du docteur Katz **(Claude Dauphin)**.

L'HISTOIRE

Un immeuble vétuste dans le quartier populaire de Belleville, à Paris. Au dernier étage, Madame Rosa, la soixantaine, tient une sorte de pension pour enfants de prostituées. C'est une femme de tête et de cœur qui s'illustra elle-même jadis sur le trottoir et connut un assez grand nombre de malheurs, notamment la déportation en Allemagne, parce que juive.

Parmi ses enfants adoptifs, un adolescent, Momo, Nord-Africain débrouillard et sensible, l'aide aux tâches domestiques et se rend bien compte que la situation de la maisonnée est précaire. Le nombre des pensionnaires diminue, les ressources aussi, et la santé de Madame Rosa décline irréversiblement.

Momo s'initie à la religion musulmane grâce à l'enseignement d'un vieux sage aveugle, Monsieur Hamil. Ce qui tourmente secrètement Momo, c'est le mystère de ses origines. Il apprendra un jour que son père est un habitué des prisons et surtout des asiles psychiatriques et qu'il fut, avant de l'avoir abandonné, un proxénète brutal et jaloux, assassin de la mère de Momo.

L'adolescent rencontre une jeune femme amicale et compréhensive, Nadine, qui l'accueille chez elle et le présente à son mari et à ses enfants. Il leur raconte son histoire.

Malgré la bonté et les efforts d'un vieux médecin juif, le docteur Katz, la santé de Madame Rosa empire. Elle se refuse à être hospitalisée.

Momo, bouleversé par la mort de la vieille dame, organisera tout seul, dans une chambre ardente, une liturgie conforme à ses souhaits.

Nadine **(Michal Bat-Adam)** et Momo **(Samy Ben Youb)**.

Le roman dont le film est tiré obtint un énorme succès (et même le Prix Goncourt) en 1975 : plus d'un million d'exemplaires vendus ! Son auteur, Romain Gary, s'est longtemps caché derrière le pseudonyme d'Emile Ajar, sous lequel il publia « Gros Calin », « Pseudo » et « L'angoisse du roi Salomon ».

Le réalisateur, Moshe Mizrahi est né à Alexandrie en 1931. A 16 ans, il émigre en Palestine, participe à la guerre d'Indépendance en 1948, exerce le métier de journaliste et arrive en France en 1958. Il réalise LE CLIENT DE LA MORTE-SAISON en 1969, STANCES A SOPHIE, d'après Christiane de Rochefort, en 1971, PÈRES ET FILLES en 1973, RACHEL'S MAN en 1975 et LA VIE DEVANT SOI en 1977, un projet auquel avaient renoncé Costa-Gavras (ici acteur occasionnel) et Claude Berri. Il devait retrouver Simone Signoret avec CHÈRE INCONNUE (1980). Simone Signoret, qui retrouvait ici Claude Dauphin, son partenaire de CASQUE D'OR, devait obtenir le César de la meilleure actrice pour le rôle de Madame Rosa.

Mme Rosa s'occupe des enfants de prostituées.

Lola **(Stella Anicette)** et Rosa à la campagne...

FICHE TECHNIQUE

Réalisation, scénario et dialogues : **Moshe MIZRAHI**
D'après le roman de : **Emile AJAR (Romain GARY)**
Directeur de la photo : **Nestor ALMENDROS**
Musique : **Philippe SARDE, Dabket LOUBNA**
Décors : **Bernard EVEIN**
Production : **Raymond DANON, Roland GIRARD, Jean BOLVARY - Lira Films/P.E.C.F.**
Distribution : **Warner**
Durée : **106 minutes**

INTERPRETATION

Simone SIGNORET : Madame Rosa
Samy Ben YOUB : Mohamed, dit Momo
Claude DAUPHIN : Le docteur Katz
Gabriel JABBOUR : Monsieur Hamil
Stella ANICETTE : Madame Lola
Michal BAT-ADAM : Nadine
COSTA-GAVRAS : Ramon
Bernard LAJARRIGE : Monsieur Charmette
Geneviève FONTANEL : Maryse
Mohamed ZINET : Kadir
Elio BENCOIL : Moïse
Ibrahim SECK : N'Da Ameder

1965

René ALLIO

LA VIEILLE DAME INDIGNE

Rosalie (**Malka Ribowska**) est devenue l'amie, la complice de Mme Berthe (**Sylvie**).

Albert (**Étienne Bierry**) ne comprend pas le changement d'attitude de sa mère.

L'HISTOIRE

Mme Berthe, soixante-dix ans, vient de perdre son mari. Certes, elle pourrait ne pas rester seule : deux de ses cinq enfants, Gaston et Albert, vivent et travaillent encore, non loin d'elle, à Marseille. Albert, d'ailleurs, compte bien profiter du capital qu'a dû laisser son père pour renflouer l'entreprise de transport montée avec l'argent de Gaston. Mais la vieille dame, qui a consacré toute sa vie à son mari, à sa famille, ne paraît pas du tout disposée à finir son existence comme elle l'a commencée, dans la médiocrité et dans l'ombre des autres, fussent-ils ses enfants.

Bien au contraire, Mme Berthe, à la surprise choquée de ses proches, décide de se consacrer à elle-même et à la découverte du monde. Elle sort, se promène, même le soir. Elle va au restaurant, se lie d'amitié avec Rosalie, la jolie serveuse aux mœurs très libres, et avec les amis de celle-ci, Alphonse, par exemple, un cordonnier qui raconte avec une faconde intarissable de merveilleux voyages peut-être imaginaires.

Pour mener cette vie nouvelle, la vieille dame a besoin d'argent. Elle vend tous ses meubles, son argenterie, les souvenirs de sa vie passée. Elle peut alors acheter des robes à Rosalie et, un comble, s'offrir une voiture, une 2CV. C'en est trop pour Albert, dont l'affaire périclite et qui comptait hériter. Il charge son fils Pierre de découvrir où sa grand-mère trouve l'argent qu'elle jette par les fenêtres. Le jeune homme s'acquitte très mal de sa mission car il comprend fort bien le comportement de Mme Berthe. De plus, il est tombé amoureux de Rosalie. Et, un soir, avant d'aller au cinéma avec sa jeune amie, la vieille dame indigne meurt sans bruit.

René Allio avait quarante-et-un ans lorsqu'il réalisa ce film, son premier long métrage, qui rencontra un succès public aussi considérable qu'inattendu.

Allio avait dû faire, une année durant, la tournée des producteurs qui, soit refusaient le scénario, jugé non commercial, soit réclamaient, pour le rôle de la vieille dame, des noms célèbres, Margaret Rutherford ou Danielle Darrieux. Le cinéaste tint bon et imposa Sylvie (1883-1970) qui avait plus de quatre-vingts ans lorsqu'elle tourna ce film où elle trouva le meilleur rôle d'une carrière qui compte plus de soixante titres au cinéma, et quatre-vingts pièces au théâtre.

Victor Lanoux faisait ici ses débuts au cinéma.

FICHE TECHNIQUE

Réalisation, scénario, adaptation et dialogues : **René ALLIO**
D'après une nouvelle de : **Bertolt BRECHT**
Directeur de la photographie : **Denys CLERVAL**
Musique et chansons : **Jean FERRAT**
Décors : **Hubert MONLOUP**
Production : **Claude NEDJAR - S.P.A.C.**
Distribution : **Nef Diffusion**
Durée : **91 minutes**

INTERPRETATION

SYLVIE : Mme Berthe
Malka RIBOWSKA : Rosalie
Victor LANOUX : Pierre
Étienne BIERRY : Albert
François MAISTRE : Gaston
Jean BOUISE : Alphonse
Pascale de BOYSSON : Simone
Léna DELANNE : Victoire
Jeanne HARDEYN : Rose
André THORENT : Dufour
Louis LAMANDE : Charles
Armand MEFFRE : Ernest

1941

Maurice TOURNEUR

VOLPONE

Corbaccio (**Charles Dullin**) face à Volpone.

Sous l'œil avisé de Mosca (**Louis Jouvet**), Corbaccio et les invités de Volpone s'empiffrent et médisent.

L'HISTOIRE

Volpone, commerçant levantin établi à Venise, connaît quelques ennuis : un de ses navires est porté disparu. Mis en prison pour dettes, il y rencontre Mosca, qui lui remonte le moral. Libéré à l'arrivée inespérée de son bateau, Volpone paie les dettes de Mosca, le prend comme confident et homme à tout faire et, pour se venger de ses créanciers qui l'avaient accablé, monte avec la complicité de Mosca une farce macabre : il va se faire passer pour mourant. Il envoie ce dernier répandre le bruit qu'il laissera son héritage à celui des Vénitiens qui lui témoignera la plus vive amitié !

Ainsi l'usurier Corbaccio ira jusqu'à déshériter son fils à son profit, tandis que Corvino, le plus jaloux des maris de Venise, amènera sa fidèle épouse Colomba dans le lit de Volpone. Mais la pudeur effarouchée de la belle attire le fils de Corbaccio et le scandale serait éclatant si Mosca ne retournait la situation, mais à son profit. Volpone, déclaré mort, devrait être pendu. Il ne le sera pas, mais Mosca, devenu unique héritier, jette les pièces d'or de Volpone par la fenêtre à la foule. en disant : « Et que désormais personne ne nous parle plus d'argent.. ! »

Adapté d'une pièce de Ben Jonson (1605) par Jules Romains et Stefan Zweig (1928), VOLPONE qui fut au théâtre un des succès de Charles Dullin (qui tient dans le film le rôle de Corbaccio) devint un film présenté à Paris le 10 mai 1941. Son réalisateur, Maurice Tourneur, suit fidèlement le texte et dirige des comédiens qui font du film un véritable panthéon du théâtre français.

Parmi les collaborateurs du film, André Barsacq, dont la carrière fut essentiellement théâtrale, avait mis la pièce en scène. Outre les décors de ce film, il signa ceux, entre autres, de L'ARGENT (Marcel L'Herbier, 1927), de GARDIENS DE PHARES (Jean Grémillon, 1928), de l'HONORABLE CATHERINE (Marcel L'Herbier, 1942).

Quant à Maurice Tourneur, il avait débuté comme régisseur chez Antoine ; après une carrière américaine (1914-1927), il devait réaliser en France L'ÉQUIPAGE (1928), LES DEUX ORPHELINES (1932), KOENIGSMARK (1935), KATIA (1938), MAM'ZELLE BONAPARTE (1941), LA MAIN DU DIABLE (1942)...

Volpone (**Harry Baur**).

D'abord complice, Mosca se jouera de Volpone.

Réalisation : **Maurice TOURNEUR**
Adaptation et dialogues : **Jules ROMAINS, Stefan ZWEIG**
D'après la traduction de **Jules Romains** de la pièce de : **Ben JONSON**
Directeur de la photographie : **Armand THIRARD**
Musique : **Marcel DELANNOY**
Décors : **Jean PERRIER, Jacques GUT**
D'après les maquettes de : **André BARSACQ**
Production : **Ile de France Films**
Distribution : **A.Z. Distribution**
Durée : **94 minutes**

FICHE TECHNIQUE

Harry BAUR : Volpone
Louis JOUVET : Mosca
Charles DULLIN : Corbaccio
Jacqueline DELUBAC : Colomba
Marion DORIAN : Canino
Fernand LEDOUX : Corvino
Alexandre RIGNAULT : Le capitaine Leone
Jean TEMERSON : Voltore
Robert SELLER : Le chef des sbires
Louis FRÉMONT : Le juge
Colette RÉGIS : La marquise
Roger BLIN : Un Vénitien
Pierre SABBAGH : Un page

INTERPRETATION

CLASSEMENT CHRONOLOGIQUE

1921 L'ATLANTIDE
1927 UN CHAPEAU DE PAILLE D'ITALIE
1929 L'ARGENT
1931 MARIUS
1932 POIL DE CAROTTE
FANNY
1934 LES MISÉRABLES
1935 CRIME ET CHÂTIMENT
1936 CÉSAR
1937 REGAIN
1938 LES DISPARUS DE SAINT-AGYL
HÔTEL DU NORD
1941 VOLPONE
1943 LE CAPITAINE FRACASSE
LE COMTE DE MONTE-CRISTO
GOUPI MAINS ROUGES
1945 BOULE DE SUIF
LES DAMES DU BOIS DE BOULOGNE
1948 LA CHARTREUSE DE PARME
RUY BLAS
1949 LE SILENCE DE LA MER
1951 JOURNAL D'UN CURÉ DE CAMPAGNE
KNOCK
1952 LE PLAISIR
1953 LE CARROSSE D'OR
LE RIDEAU CRAMOISI
THÉRÈSE RAQUIN
1954 LE BLÉ EN HERBE
MONSIEUR RIPOIS
1955 NANA
1956 GERVAISE
NOTRE-DAME DE PARIS
LA TRAVERSÉE DE PARIS
1957 LES AVENTURES D´ARSÈNE LUPIN
PORTE DES LILAS
POT-BOUILLE
1958 EN CAS DE MALHEUR
LES GRANDES FAMILLES
UNE VIE
1959 LES LIAISONS DANGEREUSES 1960
1960 LE TROU
1961 LA PRINCESSE DE CLÈVES
1962 THÉRÈSE DESQUEYROUX
UN SINGE EN HIVER
1963 LE FEU FOLLET
LE MÉPRIS
1964 LE JOURNAL D'UNE FEMME DE CHAMBRE
1965 LA VIEILLE DAME INDIGNE
1967 BELLE DE JOUR
LE GRAND MEAULNES
LA RELIGIEUSE
1968 LA CHAMADE
1969 CLÉRAMBARD
1970 LES CHOSES DE LA VIE
ELISE OU LA VRAIE VIE
1971 LE CHAT
LA FOLIE DES GRANDEURS
LA VEUVE COUDERC
1974 EMMANUELLE
L'HORLOGER DE SAINT-PAUL
1976 LA MARQUISE D'O...
1977 LA DENTELLIÈRE
UN TAXI MAUVE
LA VIE DEVANT SOI
1978 LA CHAMBRE VERTE
1979 LA DÉROBADE
PERCEVAL LE GALLOIS
TESS
1981 DIVA
1983 L'ÉTÉ MEURTRIER
1984 UN AMOUR DE SWANN
1986 JEAN DE FLORETTE
MANON DES SOURCES
MÉLO
1987 SOUS LE SOLEIL DE SATAN
1988 LA LECTRICE
L'OURS
1989 MONSIEUR HIRE
1990 LE CHÂTEAU DE MA MÈRE
CYRANO DE BERGERAC
LA GLOIRE DE MON PÈRE
URANUS
1991 MADAME BOVARY

VIDÉOGRAPHIE

Belle de jour — Editions Montparnasse
Le capitaine Fracasse — Fil à Film
Le carrosse d'or — RCV
La chartreuse de Parme — René Château/Hollywood Boulevard
Les choses de la vie — UGC/Carrère
Clérambard — La Guéville
Crime et châtiment — René Château/Hollywood Boulevard
Cyrano de Bergerac — NMV
Les dames du bois de Boulogne — Ariane Vidéo-GCR
La dentellière — GCR
La dérobade — RCA Vidéo-GCR
Les disparus de Saint-Agil — Editions Montparnasse
Diva — NMV
En cas de malheur — René Château/Hollywood Boulevard
L'été meurtrier — Fil à Film
Le feu follet — Fil à Film
La folie des grandeurs — GCR
Gervaise — TF1/Vidéo
Goupi mains rouges — René Château
Le grand Meaulnes — La Guéville
Les grandes familles — Ariane Vidéo-GCR
L'horloger de Saint-Paul — VIP
Hôtel du Nord — Éditions Montparnasse/Delta
Jean de Florette — NMV
Knock — Éditions Montparnasse/Delta
La lectrice — Scherzo
Les liaisons dangereuses 1960 — RCV-GCR
Manon des sources — Renn-AMLF-NMV
La marquise d'O — Fil à Film
Mélo — GCR
Le mépris — UGC-GCR
Les misérables — René Château/Hollywood Boulevard
Monsieur Hire — Hachette-Film Office
Nana — Fil à Film
Notre-Dame de Paris — Editions Montparnasse
L'Ours — Fil à Film
Perceval le Gallois — Fil à Film
Poil de carotte — Vidéo Collection Echo
Pot-Bouille — Editions Montparnasse
La princesse de Clèves — Virgin
La religieuse — UGC
Ruy Blas — René Château/Hollywood Boulevard
Le silence de la mer — René Château/Hollywood Boulevard
Sous le soleil de Satan — Fil à Film
Thérèse Raquin — Editions Montparnasse
La traversée de Paris — René Château/Hollywood Boulevard
Le trou — Scherzo
Un singe en hiver — René Château/Hollywood Boulevard
Un taxi mauve — Fil à Film
La veuve Couderc — UGC
Volpone — Vidéo Collection-Avance Rapide

Dépôt légal : octobre 1991. Numéro d'édition 1991/0053/175.
Imprimé en Italie.

PATHÉ-CINÉMA
United Artists
PATHÉ
ARS GRATIA ARTIS
G
WARNER BROS.
Columbia Pictures
RKO RADIO FILMS
WALT DISNEY
MGM
Universal International
UNIVERSAL
PRODUCTION
S.N.
20th CENTURY FOX
Gaumont
UNITED ARTISTS
Films Paramount
RANK
WB
FOX
FOX FILM CORPORATION
COCINOR
GAUMONT
UNIVERSAL PICTURES
ORION
PICTURES CORPORATION